영국 귀족의
생활

다나카 료조 | 지음 **김상호** | 옮김

KB078997

❧ CONTENTS ❧

『도해 영국 귀족의 성 저택』이라는 책을 집필한 적이 있지만, 그 이전에도 컨트리 하우스에 대한 2권의 단행본을, 그 후에는 잡지 등의 간행물에 상당한 숫자의 기사를 쓴 경험이 있습니다. 그리고 그것들은 주로 저택의 건물과 내장에 시점을 둔 글이었습니다.

이 책에서는 특히 17세기 이후에, 영국 귀족이라고 불리는 사람들이 첫째로 영국 사회에서 어떠한 위치를 차지하고 어떤 기능을 해 왔는지, 둘째로 다른 유럽 각국의 귀족과는 어떻게 다른지, 셋째로 일반 시민에게는 다른 세상의 존재라고 여겨지는 사람들의 실제 생활 이모저모를 제가 아는 범위 내에서 적어 보았습니다.

컨트리 하우스나 영국 귀족에 대한 대부분의 책은, 귀족이나 그 주변인이 저술한 것입니다. 물론 저는 귀족과 관계있는 일족의 출신도 아니고, 그저 지구 반대편의 일개 서민에 불과합니다. 그러나 우연히도 도쿄에 와 있는 어느 석유회사 대표의 부인께서 저의 컨트리 하우스에 대한 열정에 관심을 가져 주셨습니다. 그 분이 실은 2대 레스터 백작의 손녀이셨기에 사돈 관계이신 당시의 셸번 백작— 현 랜스다운 후작 찰스 페티 피츠모리스와, 자신의 친정 본가 사람인 쿡 자작— 현 레스터 백작 에드워드 쿡을 소개해 주셨습니다. 찰리(랜스다운 후작)는 그 무렵 컨트리 하우스 소유자로 조직된 「역사적 건조물 협회」(Historic House Association)의 회장으로, 제가 취재하기를 원했던 집의 오너들에게 「가족과 인연이 있는 오래된 친구」라며 소개장을 써주었습니다. 에디(레스터 백작)도 마찬가지였습니다.

마치 「열려라, 참깨!」라는 주문처럼, 이전에는 취재 요청의 편지를 보내도 답신조차 없던 오너들로부터, 기꺼이 승낙한다는 알림이 도착했습니다. 그

정리된 결과가 『영국 귀족의 집』(1992년, 코단샤)이라는 책입니다.

  서양 저택 촬영의 일인자인 마스다 아키히사(增田彰久) 씨가 촬영을, 제가 사전 교섭과 드라이버를, 아내인 케이코가 내비게이터와 통역, 취재지의 B&B 교섭을 각각 담당했습니다. 마스다 씨도 우리도, 교통비, 식비, 숙박비 등 발생하는 경비 일체가 모두 자비 부담이라 귀족의 생활과는 하늘과 땅 차이인 초 가난뱅이 투어를 매년 여름마다 10년 가까이 계속했습니다.

  이 책의 집필을 카와데쇼보신샤 편집부로부터 의뢰 받은 이후, 지금까지의 경험에 더해 영국의 역사부터 다시 공부하고 대단히 많은 자료를 읽었습니다. 그 성과에 대해서는 독자 여러분의 솔직한 의견과 질타를 받고 싶습니다.

2009년 7월

다나카 료조

제 1 장
영국 귀족과
컨트리 하우스

초대 말버러 공작(Duke of Marlborough) 존 처칠(John Churchill) 부부와 아이들. 1693년.

❧ 컨트리 하우스란 ❧

호화로운 저택

구조의 기본은 홀

　영국에는 16세기 후반의 엘리자베스 왕조 시절부터 번영의 정점에 달했던 19세기 중반에 걸쳐서, 주로 귀족인 대지주들이 권세를 과시하기 위해서 광대

한 영지 안에 세운 〈컨트리 하우스(country house)〉라는 호화로운 저택이 몇 백 채나 있었고 지금도 상당수의 저택에 창건자의 자손이 계속 살고 있습니다.

그리스도 교회가 지배했던 중세 유럽에서는 대표적인 대형 건축물이 대성당이나 수도원이며, 봉건영주들이 군웅할거하며 영지의 쟁탈을 거듭하던 세속 세계의 대표적 건축물은 총안을 내고 두꺼운 외벽과 감시탑을 배치한 성채였습니다. 두 종류 모두 두꺼운 벽으로 가로막혀 있는 구조라 개방된 곳은 중앙의 마당뿐이었습니다.

십자군 파병, 영불 백년전쟁, 장미전쟁으로 혼란함이 가득하던 국내 상황이었지만, 1485년 튜더 왕조의 성립에 의해 중앙집권화가 진행되고 치안이 안

드레이튼 하우스. 프랑스의 유명한 철공예 장인, 장 티주(Jean Tijou)가 제작한 연철제 대문 사이로 저택을 바라본 모습.

드레이튼 하우스(Drayton House). 멀리에서 본 모습.

정되어감에 따라 영국 사상 처음으로 외부에 대해 개방적이며 거주만을 위한 주택 전용의 건물이 세워지기 시작했습니다.

16세기 전반은 주택의 건축양식을 모색하던 시기로, 아직 성곽 건축의 관념에서 완전히 빠져 나오지 못했기에, 집 주변에 해자를 두르고 옥상 처마에는 총안을 내기도 했습니다. 구조의 기본은 〈홀(hall)〉이라고 불리는 장방형의 거실을 중심에 두고 있었다는 점입니다.

이 형식은 중세의 성이나 장원영주의 저택(manor house)에서 유래한 것으로, 롱 갤러리(long gallery)와 함께, 용도나 중요성은 변했어도 19세기까지 이어져 내려온 컨트리 하우스의 전통적인 특징입니다.

드레이튼 하우스. 정면 현관. 신고전양식의 귀재, 윌리엄 톨먼(William Talman)의 설계.

사이언 하우스(Syon House) 롱 갤러리, 건축가 로버트 애덤(Robert Adam 1728~92)에 의한 내부 장식.

롱 갤러리

롱 갤러리는 폭 5미터 정도, 길이 60미터 이상, 얼핏 보기에 복도 같지만, 방과 방을 연결하는 통로가 아니고, 길쭉한 모양의 독립된 방입니다.

용도는 당시의 파티 연회장으로, 초대받은 고귀한 신사들은 취향에 신경 쓴 복장으로, 지닐 수 있는 보석이나 장신구를 모조리 달고, 마치 오늘날의 패션쇼처럼 의상을 자랑하고 장신구를 내보이며 왔다 갔다 했던 것입니다.

롱 갤러리는 18세기에 회화, 조각 등의 컬렉션을 전시하는, 문자 그대로 갤러리로서 이용되거나, 널찍한 벽면을 이용하여 방대한 장서를 수납하는 도서실(library)로 개수된 것도 많이 볼 수 있습니다. 19세기 후반에는 당구(billiards)가 유행하여, 거의 대부분의 저택은 기존의 방 하나를 빌리어드 룸으로 바꾸었습니다.

던로빈 성(Dunrobin Castle). 빌리어드 룸.

드레이튼 하우스(Drayton House). 월넛의 계단.

드레이튼 하우스. 돌의 계단(Staircase)

어느 건축역사가의 회상

마치 호텔 같았다

데본셔 공작(Duke of Devonshire)의 일족 중 한 명으로, 그 본거지인 채츠워스(Chatsworth)에 종종 머무르기 위해 갔었던 건축역사가 마크 기로워드(Mark Girouard)는 『잉글리쉬 컨트리 하우스』(The English Country House. 내셔널 트러스트 발간)에 실은 서문에서, 어렸을 적 자신의 체험을 이렇게 말하고 있습니다.

여섯 살 때의 부활절 휴일에 채츠워스에 갔을 때,
나는 도저히 일반 가정집에 머물고 있다고는 생각할 수 없었다.
어린 우리들이 매일 밤 「벽화의 홀」을 지나서 큰어머님께 「안녕히 주무세요」
라고 인사를 드리러 갈 때,
우리가 걷는 2층 복도의 금색으로 칠해진 철제 난간은,
지금껏 방문했던 어느 집에도 없었던 것이며, 마치 호텔 같았다.
하지만 그곳이 무섭다고 생각하지도 않았고, 압도당해버리는 일도 없었다.
부활절 당일에 우리는 모두 「이스터 에그 찾기」를 하러 커다란 연못 가장자리로 내려갔다.
그것은 다양한 색으로 염색한 삶은 달걀로,
연못 둑의 얼음 저장고 근처에 있는 키 큰 풀 속에 숨겨져 있었다.
우리가 달걀을 서로 가지려고 실랑이를 하는 모습을, 어른들은 흐뭇하게 보고 있었다.

9대 데본셔 공작의 17명의 손자들. 1931년.

패밀리 어케이션

  이스터는 크리스마스와 함께 〈패밀리 어케이션(family occasion)〉으로 불리며, 설이나 추석처럼, 평소에는 각지에 떨어져 생활하던 가족들이 부모의 집에 모여서 재회를 기뻐하는 기회로 삼는 행사입니다.

  차원이 다를 정도로 호화롭고 장대한 저택이라도, 그 안에서 영위되는 가정생활은 서민들과 그리 다르지 않은 것 같습니다.

  조금 더 성장한 아이들은 광대한 정원을 뛰며 돌아다니고, 개울에 나뭇잎을 띄워 경쟁하기도 하고, 그리스, 로마의 신들이나 영웅들의 나신상 아랫도리를 손으로 가리키며 깔깔거리게 됩니다.

  어느 날, 위층의 창문에서 한참 아래의 현관에 롤스로이스가 멈춰서고, 외투와 무릎담요에 감싸인 채, 양쪽 겨드랑이를 버틀러(butler; 집사)와 풋맨(footman; 하인, 시종)에게 의지한 사람이 천천히 집으로 들어오는 것이 보였다고 합니다.

기로워드가 큰아버지의 모습을 본 것은, 그 전에도 이후에도 이때의 한 번 뿐이었습니다.

얼마 지나지 않아 미망인이 된 큰어머니는 또 하나의 컨트리 하우스, 엘리자베스 시대의 하드윅 홀(Hardwick Hall)로 이주합니다.

하드윅 홀에 머물 때면, 기로워드의 어머니는 빌로드의 커튼이나 타조 깃털 장식의 천개(天蓋; 침대 위를 덮어 가리는 천 장식)가 달린 4개의 기둥식 침대(four-poster)를 사용했습니다.

그는 자신도 언젠가 그 침대에서 자 보고 싶다는 꿈이 있었으나, 그 나이가 되었을 때는 큰어머니가 이미 돌아가시고, 하드윅 홀은 내셔널 트러스트(The National Trust; 1895년에 설립된 영국의 민간단체. 역사적인 건조물과 자연 보호를 목적으로 삼고, 기증이나 매입에 의해 토지나 저택을 입수하여 보전·관리한다)에 이관되어, 침대 주위에는 로프를 쳐 놓았다고 합니다.

드로잉 룸(drawing room; 응접실)은 1939년부터 46년까지 기숙사로 사용되었다. 채츠워스.

7명의 하우스 메이드들.
1930년. 채츠워스.

집사 단 한 명으로

제2차 세계대전으로 인해, 컨트리 하우스의 생활도 완전히 변합니다. 훨씬 적은 수의 고용인들로 일을 해나가기 위해서는, 생활의 규모도 질도 대폭 축소하지 않을 수 없었습니다.

전후, 웰링턴 공작(Duke of Wellington)의 저택 스트랫필드 세이 하우스(Stratfield Saye House)에 기로워드가 묵은 적이 있었을 때, 스프와 고기는 은 접시에 담겼고, 과일을 자를 때는 과거에 프랑스 왕의 것이었던 금 나이프와 포크가 사용되었습니다. 공작이 레이크(lake)에서 낚아온 강꼬치고기(pike)와 들새로 만든 파이는 꽤 맛있었지만, 다른 요리는 맛이 없었다고 합니다.

이때 식탁에서 시중을 들었던 것은 버틀러(집사) 단 한 명이었습니다. 과거에는 집사의 지휘 하에, 다수의 풋맨이 식사 시중을 담당했었습니다.

문화유산으로서의 컨트리 하우스

끝없이 이어진 석축 벽

궁전도 아니고, 성도 아니고, 박물관도 아닌, 집으로서,
그것은 언제나「더 하우스」라고 불리어 왔다.
「잠깐 집에 다녀올게」,「아홉시 반에 집에서 만나자」,「그는 집 안의 어딘가에
있을 거야」
그 거대한 건물을 나타내는 말은「가족이 사는 곳」을 가리키고 있다.

(데본셔 공작부인 저『더 하우스 - 채츠워스의 초상』)

채츠워스뿐만 아니라 그 어떤 컨트리 하우스에서도 마찬가지로, 끝없이 이 어진 석축 벽을 따라 몇 마일이나 차를 달려 미침내 당도한 낭낭한 연철의 문 앞에서 "We are going to the house"라고 전하면 즉각 우리가 일반 관광객 이 아니라 일가의 손님인 것을 알아채고 문지기 노인은 그곳에서 한참 더 안 쪽으로 깊숙한 곳에 위치한 본 저택의 지름길을 가르쳐 줄 것입니다.

드레이튼 하우스. 다이닝 룸(dining room; 식당).

사람이 살고 있지 않는 집

영국에 남아있는 많은 수의 역사적인 집 중에는 이미 가족의 손을 떠나, 공
공기관이나 문화유산의 보존 · 관리를 목적으로 하는 민간의 문화보호 재단에
게 유지 운영을 맡기고 있는 곳도 적지 않습니다.

그런 경우는 건물뿐만 아니라, 내장재, 가구와 집기, 회화나 도자기에 이르

기까지 대부분이, 살던 당시 그대로 보존되어 있고, 책상 위에는 당시의 가족 사진이나 돋보기안경이 슬쩍 놓여 있는 등, 유지 관리를 담당한 사람들의 배려를 충분히 느낄 수 있습니다.

그럼에도 불구하고, 사람이 살고 있지 않는 집이라는 것은, 과학실의 박제나 박물관의 SL(증기기관차)을 보는 듯한, 어딘지 모르게 흥이 식는 무엇인가가 느껴지기 마련입니다.

드레이튼 하우스. 설룬(saloon; 대형 휴게실).

❧ 고용인들의 세계 ❧

엄격한 신분 제도

제7대 슬레드미어 준남작과 집사. 1936년.

통괄은 하우스 스튜어드

 컨트리 하우스의 생활은 시대와 함께 변화해왔고, 집에 따라 다른 점도 많았습니다만, 어느 경우에도 많은 고용인이 필요했습니다.

 이들 대규모의 고용인 사회는, 일반 사회의 계급 제도와 마찬가지로 엄격한 신분제에 의해 유지되고 있었습니다.

 조직을 통괄하는 것은 가내 업무의 수장인 하우스 스튜어드(house steward)로, 그 아래에 현장의 지휘를 맡는 버틀러가 있고, 주인 가까이에서 심부름을 처리하는 발렛(valet)이 있어서, 이 정도까지가 상층부로 간주됩니다.

 여자 고용인을 통괄하는 것은 하우스키퍼(housekeeper; 가정부)로, 발렛에 해당하는 것이 레이디스 메이드(lady's maid)였습니다.

 쿡(cook) 혹은 셰프(chef; 주방장)는 기능을 지닌 장인적인 존재로, 급료도 높고 대우도 특별했습니다.

아츠 클럽의 여성 셰프. 1935년.

19세기의 거버너스(governess; 입주 여성 가정교사). 독신이라도 「미세스」를 붙여서 호칭하며, 부모를 대신하여 자녀교육의 모든 권한과 책임을 맡는다. 아이가 젖먹이 시절을 지나면 유모 대신에 거버너스가 자녀의 교육에 모든 책임을 진다. 1860년.

수많은 스태프

급이 낮은 스태프로는, 집 안의 일은 거의 무엇이든지 해결하는 풋맨이나 언더 버틀러(under-butler; 집사보조)가 있고, 이외에 잡역부인 고용인들이 있었습니다.

여자 쪽의 풋맨에 해당되는 것은 하우스메이드(housemaid)로, 그 아래에 부엌, 설거지, 세탁 등을 담당하는 메이드(maid)들이 있었습니다.

저택의 바깥일이라면, 말이나 마차에 관해서는 마구간지기(groom)나 마부(coachman), 정원의 정비는 정원사(gardener), 밀렵꾼의 감시와 수렵용 꿩의 양식을 담당한 사냥터 관리인(gamekeeper) 등등입니다.

하우스키퍼스 룸에서, 오른쪽의 하우스키퍼가 그날 할 일의 지시를 내린다. 1911년.

하우스메이드. 19세기.

코코아를 가져가는 하우스메이드.
1744~45년경.

잠깐의 낮잠. 1871년.

잡일을 하고 있는 메이드들. 1864~65년경.

젠트리(gentry; 지역 유지)와 가족의 아침 예배. 1931년.

저택 전속의 목수. 1830년.

마부. 1851년.

정원사. 1822년.

하우스키퍼. 1822년.

어렸을 때부터 고용살이

지방성의 마을에서 컨트리 하우스로

  이들 고용인들은 어렸을 때 이미 마을로부터 고용살이를 하러 들어와서, 자질과 근무 태도에 따라 점차 승진합니다. 하우스메이드의 경우, 주인 부부에게 인정을 받아 내니(nanny, nurse; 유모)라고 불리는 아이들의 양육 담당으로

영지 사람들의 노고를 치하하기 위한 만찬회의 준비.

임명되면, 가족에 준하는 특별한 대우를 받게 됩니다. 내니는 그 집안의 자녀를 자신의 아이처럼 엄하게 키우고, 실제 양친인 주인 부부도 웬만해서는 간섭하는 일이 없습니다.

　메이드들은 메리라든가 수잔 등 이름으로 불리지만, 하우스키퍼와 내니는 설령 독신이더라도 「미세스」를 붙여서 성으로 불렸습니다.

연금과 코테지

　많은 마을 사람들이 몇 대에 걸쳐서 한 가문을 섬겨왔습니다. 일생 동안 주인을 위해 일하다가 노년을 맞이한 사람에게는 연금과 여생을 보낼 집(cottage)이 주어지고, 가족도 없이 병석에 누운 사람에게는 돌봄의 손길도 배려합니다. 헤어우드 하우스(Harewood House)에서 우리를 안내해 준 나이든 포터(porter; 수위)는 남쪽 면으로 눈 닿는 곳 전체에 펼쳐진 정원의 왼쪽을 가리키며 조용히 말했습니다. 「나는 저 숲이 끝나는 부분 근처에서 태어났습니다. 아버지도 할아버지도 일생 동안 이 저택에서 일했었지요.」

　호튼 홀(Houghton Hall)의 정문 앞쪽 수백 미터 길의 양쪽에는, 아마도 소작인의 오두막이었던 것으로 보이는 똑같이 생긴 집이 줄지어 있습니다. 「저 오른쪽의 세 번째 집에서 내가 태어나 자랐습니다. 젊었을 때 결혼해서 40년 넘게 켄트로 옮겨 가서 살고 있었는데, 남편이 죽고 혼자가 되니, 후작님이 친절하게도 『돌아와서 여기서 살게나』라고 말해주셨어요」라면서, 지팡이를 짚고 걸어가던 노부인의 이야기도 잊을 수 없습니다.

고용인들의 기념사진. 키친 가든(부엌에서 사용할 야채나 허브를 재배하는 텃밭)을 배경으로.

샹들리에와 시계의 손질. 블레넘 팰리스(Blenheim Palace).

수많은 역사를 거쳐

미담만 있는 것은 아닌 현실

하지만 컨트리 하우스의 역사는, 결코 이렇게 미담으로만 치장되어 있는 것은 아닙니다. 정원 정비계획의 걸림돌이 된다거나, 저택에서 내다볼 때 눈에 거슬린다는 이유만으로 마을을 통째로 옮겨버린 사례가, 제가 알고 있는 것만 3건이 넘는 것도 사실입니다.

16~17세기에 산전수전을 겪으며 컨트리 하우스를 세운 신흥계급은 금전 관리에도 철저한 사람들이었기에, 고용인에 대해서도 엄격하고 팍팍한 기준을 들이대는 경우가 많았던 모양입니다.

또한 엘리자베스 시대에는 여왕에 대한 존경 때문에, 그 뒤를 이은 스튜어트 왕조는 왕들이 꿈꾸던 절대왕정의 이념 때문에, 의식이나 제도가 복잡·다중화 되었고, 이를 반영하여 컨트리 하우스에서의 일상생활도 좀 더 격식을 차리는 쪽으로 변해갔습니다.

서번츠 홀(고용인의 식당).

민심을 사로잡는 법

　18세기에 들어서면서 이들 지배계급도 대가 바뀌며, 좋은 교육의 덕인지 여유를 보이게 되었고, 그랜드 투어(grand tour. 81페이지 칼럼 참조)에 의한 대륙 체험의 영향도 있어서, 생활도 지나친 형식만 고집하지 않고 자연스러운 쪽으로 변해갑니다.

　고용인들에 대해서도 대범함을 보여주며 존경을 받는 쪽으로 바뀌어갑니다. 1년에 1회 저택을 개방하여 만찬회(servants' dinner)나 소작인들을 포함한 무도회(tenants' ball)를 열기도 하고, 부근의 마을 사람들을 위해 정원에서 일종의 축제를 개최하기도 했습니다. 이렇게 민심을 사로잡는 수법은, 나중에 식민지 지배에 있어서도 많은 도움이 되었을 것입니다.

주인부터 가난한 자까지

제복 지급의 관습

　신분 제도가 명확한 영국에서는, 중세 시절부터 봉건 영주가 휘하의 부하들에게 〈제복(livery)〉을 지급하는 관습이 있었습니다.

　가신(retainer)의 수가 그들의 권세를 나타내는 하나의 지표이기도 했기 때문에, 실제로는 주종 관계가 아닌 자에게까지 제복을 지급하여, 그 위세를 이용해 외압으로부터 보호할 것을 조건으로 하는, 명목뿐인 주종 계약까지 행해졌던 것입니다. 세력이 강한 영주의 경우, 가신은 물론이고, 고용인들도 제복을 하사받는 일을 대단한 명예로 여겼습니다.

　컨트리 하우스의 경우에도, 제복은 고용인의 신분, 직종, 계절, 때와 경우에 따라 세밀하게 규정되어, 고용 계약서에도 명기되어 있었습니다.

고용인끼리의 연애는 금기사항이었다.

여러 가지 테이블

식사도, 주인의 테이블을 필두로 신분에 따라 여러 가지 테이블을 마련해두고 있었습니다.

손님 등 주인의 테이블에 앉는 사람의 1인분 식사(mess)는 무지막지하게 많은 양으로, 원하는 만큼 먹고 나면, 스튜어드(steward's room), 하우스키퍼

(housekeeper's room), 하급 하인(servants' hall), 최하급 하인(kitchen departments)으로 차례 차례 하위계급 식당의 테이블에 전달되어, 마지막에 남은 것은 생활이 곤궁한 사람들에게 베푼다는 것이 중세 시대부터 이어져 온 방식으로, 하돈 홀(Haddon Hall)에는 잔반을 넣어 문 밖에 두는 목제 찬장(dole cupboard)이 남아있습니다.

주인부터 가난한 자까지라는 관습은 형태는 달라졌어도 계속 이어졌던 것 같으며, 1890년대에 미국에서 시집 온 말버러 공작 부인(Duchess of Marlborough)의 기록에도 남아있습니다.

이런 저택들은 가족 이외에도 로열 패밀리를 포함하는 엄청난 숫자의 손님을 대접해야만 하였기에, 연간 경비는 오늘날의 돈으로 환산하면 현기증이 날 정도의 금액이었음에 틀림없습니다.

참고로 비버 캐슬(Belvoir Castle)에서는, 1839년 12월부터 다음해 2월까지 걸친 8주 동안에, 와인 200다스, 맥주 70통(1통이 12,500리터), 양초 2,330개, 등불용 고래기름 630 갤런, 공작의 테이블에서 식사한 사람 수 1,997명, 스튜어드 2,421명, 기타 인원 11,312명, 빵 3,333근, 고기 22,963파운드, 공작과 친구들이 사격을 한 뒤에 식용으로 쓰인 꿩이 2,589마리라는 기록이 남아있습니다.

은제 식기에 담은 요리를 다이닝 룸으로 운반하는 풋맨들의 행렬.

디너 파티의 광경. 블레넘 팰리스에서.

방문객 일행을 맞이하는 날.

요크 공을 맞이하는 파티 날. 고용인들의 기념사진.

리넨을 손빨래하는 레이디스 메이드. 1765~82년경.

세탁실. 다리미는 보일러의 불로 달구었다. 1890년.

세탁물의 건조실.

컨트리 하우스의 키친.

Oh! that the Desert were my dwelling place!!!!!......   Byron

부인의 몸단장을 돕는 레이디스 메이드. 하트필드 하우스. 1820년.

라더(larder ; 식료품 저장실).

라더에서는 버터 등도 만들었다.

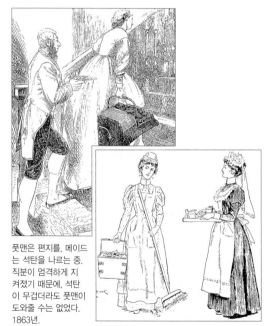

풋맨은 편지를, 메이드
는 석탄을 나르는 중.
직분이 엄격하게 지
켜졌기 때문에, 석탄
이 무겁더라도 풋맨이
도와줄 수는 없었다.
1863년.

(좌) 아침 시간. 하우스메이드가 염색으로
무늬가 들어간 유니폼을 입고, 하우스메이
드 박스를 손에 들고 있다.
(우) 그 외에는 검은 애프터눈 드레스에
모자와 에이프런이 규정이었다.

계단 밑의 세계

서비스용의 통로

컨트리 하우스의 방대한 양의 가사를 담당하는 이면의 영역은, 지하층 혹은 반지하에 있는 경우가 많아서, 〈빌러우 스테어스(below stairs)〉 등으로 불립니다. 이러한 고용인들의 이른바 뒷 계단이, 종종 벽의 안쪽에 있는 서비스용의 통로와 함께 눈에 띄지 않는 곳에 설치되어 있습니다.

이것들은 평범한 계단과는 달리 좁은 나선계단이거나 정방형의 수직 구멍을 빙빙 돌며 올라가는 타입으로, 실용성만 고려하여 만들어진 조잡한 계단입니다.

현재는 사용되지 않고 있지만, 예전 그대로인 세인트 저먼스(ST Germans)의 올드 키친.

세인트 저먼스의 호출용 벨.

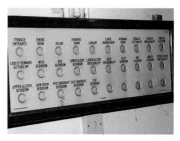

세인트 저먼스의 호출등 케이스.

세인트 저먼스의 라더.

세인트 저먼스의 스틸 룸의 도어
플레이트.

팬트리의 도어 플레이트.

고용인들이 일하는 방

관장하는 영역이 명확히 구분된, 버틀러, 하우스키퍼, 쿡 또는 셰프 3인의 지휘 하에서 수많은 고용인들이 분주하게 일하던 방들에는 어떤 것들이 있었을까요.

키친(kitchen), 스컬러리(scullery: 설거지방), 스틸 룸(still room: 잼 종류나 차를 위한 파이 등을 만들기도 하고, 밤낮없이 요리에 사용하는 수프 스톡을 위해 야채를 끓이고 있는 또 하나의 부엌), 팬트리(pantry: 버틀러가 관리하는 글라스, 커틀러리, 기구 등을 수납하는 방), 나이프 룸(knife room: 공을 들여 갈고 닦아야 하는 상아나 뼈 재질 손잡이의 나이프를 수납하는 방), 라더(larder: 육류를 처리하고 계란, 치즈, 버터 등을 수납하는 방), 론드리(laundry: 세탁실. 빨래만 하는 것이 아니고, 특수한 리넨의 주름에 맞춘 특별한 다리미 등도 마련되어 있었다), 차이나 룸(china room: 하우스키퍼가 관리하며 도자기류를 수납하는 방), 셀러(cellar: 와인의 저장고인데, 큰 저택에는 자가 양조한 맥주를 통에 저장하는 비어 셀러도 있다), 서번츠 홀(고용인의 식당) 등이 있었습니다.

팬트리에서 은제 식기를 닦는 버틀러.
1868년.

세인트 저먼스의 차이나 룸.

세인트 저먼스의 셀러. 이곳에는
전기가 들어와 있지 않다.

🦚 최후의 컨트리 하우스 🦚

두 번의 대전 사이에서

전쟁터로 향한 많은 당주들

60년이 넘는 빅토리아 여왕의 치세는 20세기에 들어선 1901년에 마침내 끝났고, 세기말의 탐미적 문화의 잔향이 감도는 에드워드 왕조는 10년 정도에 지나지 않았지만 영국의 벨 에포크(Belle Epoque; 평화롭고 아름다운, 좋은 시절)를 형성합니다. 그로부터 불과 4년 뒤에 유럽 전역은 미증유의 대 전쟁에 휘말려, 좋았던 옛 시절은 두 번 다시 볼 수 없게 되었습니다.

지식의 과실로서 인류의 복지에 공헌해야 마땅할 테크놀로지가, 과거에 유례가 없었던 대량 살육과 대량 파괴에 가담해버린 참상을 마주한 사람들은, 다시는 이런 전쟁이 일어나지 않을 것이라고 믿었습니다.

그러나 20년 후에는 더욱 많은 나라를 휘말리게 하는 전 세계 규모의 전쟁에 돌입하게 됩니다. 많은 컨트리 하우스의 젊은 당주들이나 미래의 주인들이 군복으로 갈아입고 전쟁터로 향했고, 그 중에서 적지 않은 수의 사람들은 두 번 다시 조국의 땅을 밟을 수 없었습니다. 그들은 지휘관으로서 최전선에 섰기 때문에, 전사자의 비율이 서민 병사들보다 훨씬 높았다고 합니다. 컨트리 하우스를 조용히 뒤에서 서포트 해왔던 사람들 역시 마찬가지였습니다.

뉴 리치의 꿈

두 번의 세계대전 사이에 끼인 20년간, 특히 1929년의 대공황에 뒤이은 불황의 30년대에, 경제적 불안이나 장래에 대한 절망감 때문에 몇 세대나 물려받아온 저택을 포기하는 사람이 속출하게 됩니다. 그리고 그 대부분은 개발업자에 의해 철거되거나 작게 분할되어 집단주택으로 바뀌기도 했습니다.

하지만 20세기가 되었다고 해서 컨트리 하우스 규모의 사저가 전부 없어진 것은 아닙니다. 기존의 대지주였던 귀족에 추가로, 산업혁명에 의해 기업가라는 신흥 부유계급이 대두되었고, 이들 뉴 리치들의 꿈은 자신들도 컨트리 하우스의 주인이 되어, 그 모임의 일원으로 인정받는 것이었습니다.

캐슬 드로고(Castle Drogo). 정면.

줄리어스 드류의 경우

1856년 출생의 줄리어스 드류(Julius Drewe)는 이러한 빅토리아 왕조 시절 기업가의 전형적인 사례였습니다. 그는 가난한 가정에서 태어나 17세에 차 수입상을 운영하는 삼촌의 가게에서 일하다가 중국에 파견이 되었고, 그 곳에서 상업의 단맛을 알게 되어 식민지에서 싸게 매집한 상품을 중개업자를 거치지 않고 본국에서 염가 판매하는 것을 생각해냈습니다.

우선 제1호점을 리버풀에 열었고, 22세 때는 전국 각지에 지점을 갖출 만큼 번성하여, 현대적인 대량유통점의 시초가 되었습니다. 그는 32세 때 일찍 은퇴하여, 기업가들의 이상이었던 컨트리 젠틀맨의 생활을 즐기는 일에 전념했습니다.

컨트리 하우스를 직접 세우겠다는 드류의 꿈은 1910년, 당시 주문자의 의뢰를 충실히 실행하는 것으로 평판이 높았던 건축가 에드윈 루티엔스(Edwin Lutyens)와 계약을 체결하며 실현되었습니다. 데본셔의 구릉 위, 계곡으로 이어진 길 끄트머리에 세워진 화강암의 성 캐슬 드로고(Castle Drogo)는, 외관에서는 중세의 분위기를 자아내고 있으나, 내부의 구획 배치는 성의 제한적인 요소가 없는 쾌적한 생활공간을 가지고 있습니다.

드류는 이 건물 설계에 관해서 장남인 에이드리언을 루티엔스의 조수로 붙였지만, 에이드리언은 저택의 완성을 보지 못하고 1917년 플랑드르 지방의 전선에서 전사하고 맙니다. 드류가 장남에게 품었던 기대가 얼마나 큰 것이었는지는 에이드리언이 이튼 칼리지에서 케임브리지 대학에 진학한 사실에도 상징적으로 나타나 있습니다.

하지만 나라를 위해 목숨을 바쳤다는 점에서, 에이드리언은 컨트리 젠틀맨으로서의 생애를 제대로 보냈다고도 할 수 있습니다. 최후의 컨트리 하우스라고 불리는 캐슬 드로고에 얽힌, 슬프고도 감동적인 실화입니다.

캐슬 드로고. 응접실.

캐슬 드로고. 미스터 드류의 서재.

캐슬 드로고. 너서리(nursery; 유아실).

주인의 개인실. 중앙에 보이는 것은 세안 도구.

영국에서 가장 빠르게 도입된 샤워.

옛날 방식의 화장실. 고급 소재인 마호가니를 사용했고, 뚜껑을 덮으면 수납장처럼 보이게 된다.

영국이 영국으로서 계속 존재하기 위해

노블레스 오블리주

어려운 여건 속에서도 많은 사람들이 선조로부터 물려받은 저택을 필사적으로 지키고 있습니다. 이것은 단순히 허세를 부리거나 체면을 차리기 위한 것이 아니라, 영국의 지배계급이 공유하는 불문율 〈노블레스 오블리주(noblesse oblige; 고귀한 신분에 따르는 책무)〉 때문입니다.

세제상의 우대조치를 받기 위해 공익법인을 설정하여 소유권을 위탁하고, 저택을 일반에 공개하여 입장료를 유지비에 보태고 있는 케이스도 많이 있습니다만, 채츠워스처럼 많은 관광객이 방문하는 저택마저도, 연간 입장료 수입은 저택 유지비의 1/3 정도를 커버하는 것에 지나지 않습니다. 나머지 2/3은 에스테이트(estate; 영지)의 수입이나 투자의 배당금을 들이붓고 있는 것이 현재의 상황이라고 하겠습니다.

입술을 굳게 다물고 의연하게 고난에 맞서다

이들 컨트리 하우스의 소유자들은, 저택의 유지 · 관리, 에스테이트의 경영, 자산 운용 등의 일 이외에도 대다수가 여러 가지 복지 활동의 대표자로서도 많은 시간을 쓰고 있습니다.

그들은 아침 일찍부터 저택 내의 거주구역이나 광열비 절감을 위해 옮겨 살고 있는 예전 고용인 주택에서 관리 사무실로 출근해서, 잠시 앉을 틈도 없이 휴대전화를 한 손에 든 채 저택이나 농장을 둘러보고, 시시각각 변하는 시장 상황을 살펴본 후 자선단체의 모임에 참석하기 위해 차로 달려갑니다.

아마도 현대의 영국에서 가장 바쁜 사람들 속에 포함될 겁니다. 그들은 선조들이 향유했던 우아한 생활은 바랄 수가 없지만, 지금도 자신들이 놓여있는 특별한 입장 때문에 사회에 많은 공헌을 하고, 또한 그에 걸맞은 경의를 사회로부터 받는다는 점에서는 다를 바가 없다고 생각됩니다.

영국인이 좋아하는 표현 "to keep a stiff upper lip"(윗입술을 빳빳이 하고 견디어 내다. 힘든 내색을 하지 않고 견디며 책무를 다하다.)은, 그야말로 오늘날의 컨트리 하우스 주인들을 가리키는 말처럼 생각됩니다. 컨트리 하우스가 존속하는 한 영국은 영국으로서 계속 존재할 것입니다.

벽을 가득 메운 초상화

초상화와 태피스트리

영국인이 애호하는 회화의 주류는, 튜더 왕조 시대부터 19세기까지 일관되게 초상화였습니다. 이 사실에는 컨트리 하우스의 존재가 깊은 관련이 있다고 생각됩니다.

근세 영국의 기초를 확립한 신흥 지배계급은, 자신들의 존재에 카리스마성을 더하기 위해, 역사적인 인물이나 왕족과의 인척관계 계보임을 암시하는 초상화를 그리게 했습니다. 일본도 이처럼 많은 가문의 계보도가 세이와겐지(淸和 源氏)나 칸무헤이시(桓武 平氏)로부터 시작되지요. 이렇게 그려진 초상화는 당시 사교 행사의 중심적인 장이었던 롱 갤러리의, 폭이 넓고 긴 복도 같은 방의 벽을 차례로 메워나가게 됩니다.

가구도 가재도구도 조금밖에 없었던 엘리자베스 왕조 시대에는 초상화와 태피스트리가 실내장식의 거의 전부라고 해도 과언이 아니었습니다.

시대가 내려옴에 따라서 넓은 계단실의 벽면이나, 응접실의 벽도 초상화로 뒤덮이게 됩니다. 영국인만큼 자신을 포함한 일족, 인연이 있는 사람, 친구의 초상화를 좋아

글래미스 성(Glamis Castle)의 다이닝 룸. 여기도 벽면에 수많은 초상화가 붙어 있다.

하는 국민은 없다고 합니다. 당연히 화가의 입장에서는 초상화로 평판을 얻는 것이 출세의 지름길이었습니다. 유력한 귀족의 눈에 들어서, 그의 의뢰로 왕족의 초상화를 그릴 찬스를 잡고, 나아가서는 궁정화가로 입신양명하는 것이 꿈이었겠지요.

컨트리 하우스를 장식한 초상화의 대표적인 화가들을 소개하겠습니다.

튜더, 스튜어트 왕조 시대

이 시기에는 영국인 화가의 기량이 아직 미숙했고, 대부분 독일이나 네덜란드에서

마운트 스튜어트 하우스(Mount Stuart House). 초상화가 넓은 벽면을 가득 메우고 있다.

태어나 네덜란드나 이탈리아에서 수행을 쌓은 화가들이었습니다.

그 중에서 필두는 이미 유럽에서 명성을 얻고 있던 한스 홀바인 2세(Hans Holbein II. 1497~1543)로, 독일의 아우크스부르크에서 태어나, 화가였던 아버지와 형과 함께 당시 학문과 인쇄, 출판의 중심지였던 스위스의 바젤로 이주하였습니다. 이후 네덜란드의 로테르담에서는 당시 인문학자로 이름이 널리 알려진 에라스무스에게서 인정을 받은 후, 이탈리아에서 만테냐의 프레스코화 등을 연구하였습니다.

1526년부터 에라스무스의 추천으로 토머스 모어를 찾아갔는데, 모어는 그의 기량을 절찬하는 편지를 에라스무스에게 보내기도 하였습니다. 모어는 자기 자신뿐 아니라, 가족의 초상화도 그리게 했고, 많은 궁정 사람들에게 소개하여 국왕 헨리 8세(재위 1509~1547)나 아직은 밀월시대였던 왕비 앤 블린, 네 번째 왕비 앤 오브 클리브스 등의 주문을 받았습니다.

엘리자베스 왕조 말기부터 제임스 왕조에 걸쳐서는, 그다지 알려지지 않은 마르쿠스 헤라르츠(Marcus gheeraerts. 1561,2~1636)라는 네덜란드의 망명 화가가 있습니다. 여왕의 총애를 받던 신하 헨리 경(sir henry Lee of Ditchley)이 후원자가 되었기 때문에, 특히 여왕 직속의 초상화가가 되어, 제임스 1세의 왕비 앤 오브 덴마크의 배려로 궁정 사람들 사이에서 많은 주문을 받았습니다.

헤라르츠는 의상이나 장신구의 치밀한 묘사력이 뛰어났지만 인간의 묘사는 서툴러서, 뭔가 지지대라도 대지 않으면 쓰러져버릴 인형처럼 보이고, 손 같은 곳도 부자연스러운 각도로 그렸기 때문에 1610년 이후로는 전혀 주문을 받지 못하게 되었습니다.

그의 처남인 아이작 올리버(Isaac Oliver)는 스승인 니콜라스 힐리어드 경(Sir Nicholas Hilliard)이 영국인이었는데, 세밀화(miniature ; 카드나 메달, 화장용구 등에 부착하도록 세밀한 필치로 섬세하게 그린 작은 크기의 그림)의 역사에 있어서 최고의 화가로 평가되고 있습니다.

루벤스, 특히 그의 제자인 반 다이크는 궁정화가로서 인기를 얻었는데, 그는 요절했음에도 불구하고 찰스 1세의 기마상을 다수 남기고 있습니다.

청교도 혁명과 그 뒤에 이어진 공화제의 시대에는, 네덜란드인 피터 릴리 경(Sir Peter Lely. 1618~1680)이나 독일 태생으로 네덜란드, 로마, 베네치아에서 수행한 고드프리 넬러 경(Sir Godfrey Kneller)가 휘그 당(Whig Party)의 귀족이나 문화인들 사이에서 활약합니다.

조슈아 레널즈 경의 자화상.

토머스 리 대위. 헤라르츠 그림.

고드프리 넬러 경의 자화상

조지 왕조 시대

이 시기부터 런던을 중심으로 초상화 시장이 급격히 활성화됩니다. 고객은 주로 귀족, 젠트리(gentry; 지역 유지), 신흥 산업자본가 등이며, 이에 더해 고급 창부(넬슨 제독의 정부 엠마나 뒤마 필스의 「춘희」에 나오는 마르그리트 고티에 같은)까지 고객층이 넓어져 갔습니다.

많은 영국인 화가가 등장하여, 언론 매체의 칭송을 받거나 비난을 받기도 했지만, 가장 눈에 띄는 존재는 조슈아 레널즈 경(Sir Joshua Reynolds, 1723~1792)이었습니다. 그는 로열 아카데미(Royal Academy)의 초대 총재에 선임되었습니다. 그는 모델의 지위, 성별, 연령에 적합한 포즈를 결정하는 감각이 뛰어나, 조지 3세의 궁정화가로 임명되었습니다.

한편 토머스 게인즈버러(Thomas Gainsborough, 1827~1888)는 타고난 재능으로 미끄러지는 듯한 필치와 흔들림 없는 기법을 동시에 갖추고, 그 시대를 대표하는 미녀들 개개인의 성격 특징을 꿰뚫어보는 눈을 지니고 있었습니다.

게인즈버러와 어깨를 나란히 하는 뛰어난 기교의 화가, 조지 롬니(George Romney, 1734~1802)는 「훌륭한 화가란 왕립미술원의 회원이 된다는 의미가 아니라, 자신의 기량으로 세상의 인정을 받는 것이다」라는 신념을 지니고, 고전주의적 기법을 고수하였습니다. 롬니라는 화가 이름에서 가장 먼저 생각나는 것은 아무래도, 훗날 넬슨 제독의 정부가 되는 해밀턴 경 부인 엠마(Lady Hamilton, Emma Hart, 1765~1815)의 초상화로, 롬니는 1782년에 처음으로 엠마를 모델로 삼은 이래, 60장 이상에 달하는 다양한 포즈의 초상화를 그렸습니다.

토머스 로렌스(Thomas Lawrence, 1769~1830)는 완벽하고 화려한 로망주의적 화풍으로, 조지 3세의 궁정화가에 등용되었고, 1792년에 레널즈의 후계자로서 로열 아카데미의 총재로 임명되었습니다.

로렌스는 색채 전문가(colorist)이기도 했는데, 나폴레옹 패배 후 대륙 각지를 여행하며 각국의 군주, 귀족이나 귀부인, 승리에 공헌한 명장들의 초상화를 그리면서, 대륙 쪽 초상화가의 영향에서 완전히 탈피하여 독립적인 영국 초상화가가 되었으나, 그를 마지막으로 영국 초상화의 시대는 끝나고, 영국인의 취향은 풍경화로 옮겨가게 되었습니다.

17세기 이래 유럽 회화의 주류였던 역사화보다 한 등급 낮은 것으로 여겨졌던 풍경화를 대등한 위치까지 끌어올리고, 프랑스보다 반세기 이상 앞서서 인상파적인 기법을 확립하여 「빛의 화가」라고 불렸던 터너(J.M.W. Turner, 1775~1851)와, 본국에서는 뒤늦게 진가를 인정받았으나 프랑스에서 인기를 얻었던 컨스터블(John Constable, 1776~1837)의 존재는, 낮은 수준에 만족하고 있던 영국 회화를 세계적인 수준으로 높였습니다.

귀족의 명가를 방문해 보면 거의 대부분의 경우, 18세기의 당주나 가족들을 그린 레널즈나 게인즈버러의 커다란 초상화가 손님 방의 벽을 장식하고 있는데, 산업혁명에 의한 신흥 산업자본가가 대두됨에 따라, 16세기 이래의 대지주였던 귀족들은 그 동안 누려왔던 큰 특권을 잃게 되어, 초상화의 대상도 종래의 귀족이나 젠틀맨 계급의 사람들로부터 지식인이나 부유한 상인들로 넓혀졌고, 화가도 자유롭게 상대를 선택해서 자신이 선호하는 표현법으로 그리게 됩니다.

근대에서 현대로 – 초상화의 변천

19세기 후반에서 20세기가 되면 증기선이나 철도의 발달에 의해, 빠르고 안전하게 이동할 수 있게 되었기 때문에, 화가는 고국을 떠나 한 곳에 정착하지 않고 유럽 각지에서 중동에 이르기까지 활동 범위를 넓혀서, 다양한 인물이나 풍경을 접하고 폭넓게 흡수하여, 새로운 표현을 시도하게 됩니다.

이에 따라 18세기까지의 관습처럼 국적에 집착하는 일이 적어져서, 휘슬러(James McNeill Whistler. 1834~1903)나 존 싱어 사전트(John Singer Sargent. 1856~1925)처럼, 국적

넬슨 제독의 정부, 해밀턴 경 부인 엠마. 롬니 그림.

토머스 게인즈버러의 자화상.

은 미국이지만 거의 런던을 거점으로 활약하는, 일명 「엑스패트리엇(expatriate; 국적을 버린 사람)」이 아무런 저항감 없이 받아들여졌고, 특히 사전트는 귀족을 포함한 각계 각층의 사람들로부터 초상화를 의뢰 받았습니다.

귀족의 초상화 변천을 보여주는 한 사례로, 윈스턴 처칠 경이나 다이애나 비와 인연이 깊은 말버러 공작가에서는, 초대 공작과 부인은 넬러, 4대째 공작 부부와 가족은 레널즈, 9대째 공작 부부와 가족은 사전트가 그렸습니다.

19세기 말부터 20세기 초엽까지 영국에서 활약한 미국인 화가 사전트는, 색채보다 선과 명암의 농도로 모델의 성격을 그려내고자 하는 화풍인데, 그것은 당시 영국 초상화의 공통된 특징이기도 했습니다.

20세기 영국의 초상화가라고 하면, 우선 오거스터스 존을 떠올리게 됩니다. 그는 주문을 받아 초상화를 제작하는 것이 아니라, 자신이 흥미를 느낀 인물을 개성적으로 그렸습니다. 과거의 초상화가들과는 다른 방법이면서, 초상화의 영광을 되찾는데 큰 역할을 했다고 할 수 있겠지요.

오톨린 모렐(Lady Ottoline Morrell, 1873~1938). 모렐은 유명한 시인이나 예술가가 모이는 살롱을 주재했다. 오거스터스 존(Augustus Edwin John, 1878~1961) 그림.

윌리엄 윌버포스(William Wilberforce, 1759~1833). 노예매매금지법의 주도자. 로렌스 그림.

제2장

영국 귀족의 사계절

4대 아솔 공작(Duke of Athol), 1785년.

🎔 타운 하우스 🎔

런던의 저택

컨트리 하우스는 "country seat" 혹은 "stately home"이라고도 불립니다.

전자는 〈지방의 영지에 세워진 본거지(seat)〉를 의미하며, 후자는 건물에 시점을 두어 〈당당한 삶의 터전〉을 의미합니다.

튜더, 스튜어트 두 왕조의 시대(16~17세기)에 궁정 생활을 보내고 있던 귀족, 혹은 젠틀맨 계급은 조지, 빅토리아 두 왕조 시기(18~19세기)에는 의회 중심의 정치생활이었기 때문에, 런던에도 거처를 갖추고 있었습니다.

일부는 호텔 등으로

대부분의 타운 하우스는 이미 철거돼 버렸습니다만, 일부는 현재 공공건물, 호텔 등으로 사용되고 있습니다. 로열 아카데미 이외에도 전통 있는 학회의 본거지인 피카델리의 벌링턴 하우스(Burlington House), 파크 레인의 초고급 호텔인 그로브너 하우스(Grosvenor House), 오피스나 전시장의 복합 시설로 쓰이고 있는 스펜서 하우스(Spencer House) 등에 그 이름이 남아 있습니다.

명칭의 유래

이러한 별도의 저택을 〈타운 하우스(town house)〉라고 불렀기 때문에, 지방

말버러 하우스 남면. 런던, 펄 멀 거리(Pall-Mall). 크리스토퍼 렌 설계. 1937년까지 말버러 가문의 타운 하우스였다.

노섬버랜드 공작가의 타운 하우스. 스트랜드가(街).

의 본 저택은 〈컨트리 하우스(country house)〉로 부르게 되었다는 것이 일반적
으로 알려진 설입니다. 그러나 타운 하우스는 원래 타운 홀(town hall)과 마찬
가지로 시청, 마을 회관 등을 의미하며, 〈도시의 생활 거처〉를 뜻하는 용례는
한참 뒤인 1825년에 처음 나타났습니다. 이런 점으로 볼 때, 오히려 〈컨트리
하우스〉 쪽이 먼저 생긴 말이라고 할 수 있겠지요.

또한 이 〈컨트리〉라는 말은 컨트리 젠틀맨의 경우와 마찬가지로, 우리가 보
통 생각하는 〈시골〉이라는 이미지가 아니라, 부와 권력의 상징인 영지를 암시하
며, 권력 구조의 상층부에 위치한 집 주인들에게 대한 명예로운 형용사입니다.

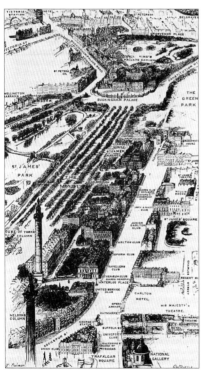

펄 멀 거리 조감도.

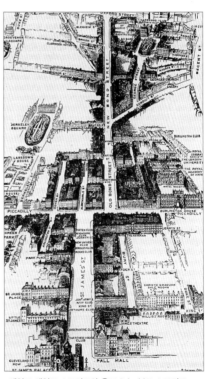

세인트 제임즈 스트리트와 올드 & 뉴 본드 스트리트.

클럽

젠틀맨스 클럽

 젠틀맨스 클럽(Gentlemen's club)은 회원제로, 젠틀맨 계급의 남자들에 의해 18세기에 설립되기 시작해 18세기 말에는 중산계급 사이에까지 급속히 그 숫자를 늘려갔습니다.

 당초에는 여성의 출입이 금지되어 있어서, 멤버가 되는 것은 물론이고 구내에 발을 들여놓는 것까지 엄격하게 거부되고 있었지만, 1980년대에 들어서 다양한 분야에서 남녀 기회균등의 분위기가 무르익으면서, 대부분의 클럽이 여성에 대해서도 오랫동안 굳게 닫혀있던 문을 열고 회원으로 받아들이게 되었습니다.

 초기의 클럽은 런던의 웨스트 엔드, 특히 세인트 제임스 스트리트의 남쪽 절반과 펄 멀(Pall Mall, clubable로 불리는 사교계 사람들은 팰 맬로 발음하는 경우가 많으나, 폴 몰은 틀린 발음)에 줄지어 들어서 있었습니다. 이것을 클럽랜드(clubland; 클럽 거리)라고 부르며, 1880년대에 최고로 성황이었을 때는 그 숫자가 400개에 달했다고 합니다. 클럽의 융성과 귀족의 쇠퇴는 거의 양 극단에 있습니다.

 18세기도 끝나갈 무렵이 되자, 그때까지는 귀족이었던 대지주에게, 산업혁명으로 재산을 쌓은 산업자본가가 신흥 젠틀맨 계급으로서 등장하여, 자신들도 파이를 나눠 가질 자격이 있다고 요구합니다. 그 중에서 가장 큰 것은 정치적 권력이었는데, 기존에는 귀족의 영지가 그대로 하나의 선거구(constituency)를 형성하고 있어서, 영주가 마음대로 할 수 있는 포켓 버러(pocket borough; 독점 선거구)였습니다.

 1832년 제1회 선거법 개정법안의 의회 통과 이후, 몇 차례에 걸친 개정에 의해, 선거권을 지닌 시민의 수는 급속하게 증가했고, 그 사람들은 마치 상류계급의 일원이 된 듯한 기분에 들떠서, 증명이라도 하듯이 기존의 클럽에 가입하거나, 뜻이 맞는 동료들과 새로운 클럽을 창설하기도 하였습니다.

「나를 회원으로 받아주는 클럽이라면, 들어가고 싶지 않다 - 그루초 마르크스」

수많은 사람들이 클럽이란 허상에 들떠 있던 한편으로, 이에 반발하는 사람들도 있어서, 훗날 그들은 그루초 클럽(Groucho Club)과 같은 서민적 클럽을 만들었습니다.

유명한 클럽,
애서니엄 외관.

빅토리아 시대의 클럽 멤버들.

더 화이츠 입구에 선 작가
에블린 워의 풍자화.

본드 스트리트의 정장 입은 신사들. 1820년.

클럽의 시초

클럽의 기원이라고 부를만한 것은, 클럽이 전성기를 맞이하던 시점보다 1세기 이상 과거로 거슬러 올라갑니다. 1705년에 모임의 기록이 있습니다만, 최근의 연구에 따르면 그 역사는 훨씬 오래되어 명예혁명(1689년) 이전이라고 합니다.

당시의 정권 주류였던 휘그 당(의회파의 흐름을 계승하는 나중의 자유당)의 말버러 공작, 7대 서머셋 공작, 3대 벌링턴 백작, 나중에 내각 수반이 되는 로버트 월포올 경 등의 귀족, 그리고 각각 평론가, 시인으로 잡지 『스펙테이터』의 편집자였던 조셉 애더슨과 리처드 스틸 경, 많은 유명인의 초상화를 남긴 고드프리 넬러 경, 건축가인 존 밴브루 경, 『걸리버 여행기』를 저술한 작가 조너선 스위프트, 극작가인 윌리엄 콩그리브 경 등, 당대의 일류 문화인들이 시티의 고등법학원 템플즈 바 부근의 선술집 겸 여인숙(tavern)에 모여서, 맛있기로 평판이 자자한 가게 주인의 양고기 파이를 즐기면서, 당시 미녀로 유명했던 부인들을 위해 건배를 했습니다.

크리스토퍼 캐틀링(Christopher Catling)이라는 이 선술집 주인은 파이 굽기 장인으로, 전문점도 운영하고 있었는데, 그 이름을 따서 킷 캣 클럽이라고 불리게 된 모양입니다.

그러나, 이렇게 특별할 것도 없는 친구들 사이의 활기찬 교류 속에서, 혁명 전야의 기운을 읽어낸 사람은 거의 없지 않았을까요.

007의 나라 영국

이 시대는 청교도가 지배했던 공화제의 답답한 공기에서 해방된 「왕정복고 시대」로, 사람들은 자유롭고 밝은 분위기를 만끽하고 있었습니다. 하지만 제임스 2세의 카톨릭 복권 정책과, 17세기 말에 유럽 대륙에서는 이미 주류가 되어있던 전제 군주제를 영국에 도입하는 것에 강한 위기감을 느끼고 있던 휘

그 당의 귀족, 젠틀맨 계급은 친구들끼리의 친목을 위한 술자리로 가장하여 주도면밀한 계획을 짜고 있었습니다. 그것은 제임스 2세를 폐위시키고 프로테스탄트인 네덜란드의 오렌지 공 윌리엄과 그 아내이며 제임스 2세의 딸인 메리를 맞아들인다는 쿠데타 계획이었는데, 이것은 나중에 명예혁명으로 불리게 됩니다.

클럽에는 팻말도 간판도 없었다

제1차 세계대전 전, 초로의 남성들이 매일 밤 즐거운 모습으로 어느 정체불명의 가옥에 드나드는 것을 수상하게 여긴 경관이 「여기는 매춘업소가 틀림없다」고 생각하여 감시를 계속하다가, 어느 날 밤 마침내 조사에 나섰습니다.

편안한 분위기의 거실에는 4명의 남성이 테이블에 앉아 있었습니다.

「당신은 누구십니까?」하고 노신사 중 한 명에게 물었습니다.

「대법관(Lord Chancellor)이오.」

「그럼 당신은?」

「캔터베리 대주교입니다.」

「다음 분은?」

「잉글랜드 은행 총재요.」

「아하, 그럼 아마도 당신은 내각 총리대신이겠군요.」

「분명 내가 총리가 맞소만.」라고 발포어 경(Arthur Balfour)이 대답했습니다.

실제 오늘날에도 클럽에는 팻말이나 간판이 달려있지 않습니다.

신사용 모자 전문점. 1880년 경.

웰링턴 공작과 11대 윈첼시 백작(11th Earl of Winchelsea)의 결투. 치명상이 될 수 있는 급소는 피하고, 먼저 상처를 입힌 쪽이 승자가 된다. 1829년.

🐟 런던의 사교 시즌 🐟

자연을 사랑하는 영국 귀족

헌팅, 슈팅, 피싱

  영국 이외의 유럽 각국의 귀족, 상류계급은 대다수가 왕궁에서 살며, 화려하게 장식하고 무도회나 대연회를 즐기는 것을, 달리 비할 바 없는 즐거움으로 생각하고 있었습니다.

  그에 비해서, 영국의 귀족들은 도시에서 멀리 떨어진 지방의 광대한 영지에 자리잡은 저택, 컨트리 하우스에서, 4월부터 9월까지 해가 길고 녹색으로 아

슈팅을 즐기는 에드워드 7세.

71

피싱하는 모습.

헌팅.
여우 사냥의 모습.

름답게 우거진 초목의 계절을, 헌팅(hunting; 말을 타고 여우 사냥 등을 즐긴다), 슈팅(shooting; 꿩, 뇌조 등의 날아가는 야생 조류를 샷건으로 사격한다), 피싱(fishing; 영지 내의 강을 거슬러 올라오는 연어나 송어를 낚는다)을 즐기며 지냈습니다.

사교의 장은 야외로

9월부터 다음 해 3월 하순까지의 국회가 있는 시기는, 런던의 사교 시즌이 됩니다.

제1차 세계대전 이전에, 많은 귀족들이 경제적 측면에서 런던의 타운 하우스를 유지할 수 없게 되어, 모임의 장소도 공동으로 이용해야 했습니다.

그러나 젠틀맨 계급의 숫자가 늘어남에 따라 사교 모임도 점차 규모가 커졌고, 특히 왕궁을 사용한 이벤트 중에서 가장 인기였던 〈데뷰턴트(debutante; 그 해에 처음으로 사교계에 나서는 상류계급 가문의 딸들을 축하하는 연회와 무도회. 군주가 주최한다.)〉가 1958년을 끝으로 더 이상 개최되지 않자, 런던 시내에서는 충분한 공간을 지닌 모임의 장소를 찾기가 곤란하게 되었습니다. 그래서 점차 사교 행사는 로열 아스콧이나 헨리 로열 레가타(Henry Royal Regatta; 왕실 조정경기)처럼 도시에서 좀 떨어진 야외로 옮겨가게 되었습니다.

오페라 초연일에 친구와 만나다.

폴로 경기를 관전하며 즐긴다.

첼시 플라워 쇼를 즐기며 휴식중인 사람들.

옥스퍼드 대 케임브리지의 보트 레이스. 템즈 강의 퍼트니 브리지부터 상류 쪽을 향해 스타트한다.

로열 패밀리의 도착. 로열 아스콧(Royal Ascot; 왕실 경마대회).

윔블던 대회.

메이 볼(May Ball; 케임브리지 대학의 학년말 무도회. 6월 초)에서 음악이 시작되기를 기다리는 사람들.

정장을 한 채로 그린 위에서 골프를 하는 여성.

더비의 결과에 축배를 드는 사람들.

드레스 코드

포멀 수트(Formal Suit)

포멀에는 「형식적인」, 「예를 갖춘」 등의 어감이 있습니다만, 본래의 의미는 「장소의 분위기에 어울리는」이라고 할 수 있습니다. 연회나 파티의 초대장에 「드레스 코드(dress code; 복장의 지정)」가 적혀있는 것은 「이러 저러한 복장을 갖추시오」라는 강요가 아니고, 익숙하지 않은 장소에 갈 때 누구나 「어떤 복장을 하고 가면 좋은가」를 고민하기 마련이므로, 지정을 해주는 것은 오히려 친절한 조언이라고 볼 수 있습니다.

예를 들어 귀족이나 상류계급의 사람들과는 달리, 로열 패밀리가 참석하는 장소에 나갈 기회가 없었던 사람이, 로열 아스콧 경마의 로열 인클로저(Royal Enclosure; 왕실 초대 손님 전용석. 엄격한 복장 규정이 있다)에 청바지나 티셔츠 차림으로 들어간다면, 본인도 주변 사람들도 어색하고 불편함을 느낄 것입니다.

그렇기 때문에 미리 초대장에 회색이나 검정의 모닝 코트와 조끼, 탑 햇(top hat; 흔히 실크햇으로 부르는 남성 정장용 모자)은 반드시 착용이라고 적혀 있습니다.

반대로 이 복장을 하고, 템즈강 상류의 헨리에서 개최되는 또 다른 여름의 대형 이벤트, 로열 레가타의 스튜어즈 인클로저(Stewards' Enclosure; 관계자 좌석. 결승선 라인 가까이 경기가 잘 보이도록 배치된 회원과 초대 손님 전용의 공간)에 들어가는 것도 어울리지 않습니다. 여기에는 보터 햇(boater hat; Cancan hat이라고도 부른다)과 자신이 속한 혹은 속해있던 팀이나 학교의 와펜을 부착한 블레이저와 하얀 목면의 바지가 어울립니다.

4대 리블스데일 남작 토머스 리스터(1854~1952).
자유당 상원 원내총무, 시종장을 역임. 존 싱어 사전트
그림. 1902년.

초대 해링턴 백작가에서의
티 파티 모습. 1720년.

크랜본 자작, 나중에 3대 솔즈버리 백작 제임스 세실(1648~1683). 1669년.

4대 펨브록 백작 필립과 그의 가족. 윌튼 하우스(Wilton House). 반 다이크 그림.

엘리자베스 2세의 대관식을 계기로

1914년부터 30년 남짓한 기간은, 과거에 경험하지 못했던 2번의 세계대전과 대 불황이 연이어 몰아 닥쳤고, 전후에도 한동안 물자 부족으로 어려운 시기가 지속되어, 포멀 수트를 입을 기회도 별로 없었습니다. 하지만 1953년, 영국 국민들이 기다려온 경사인 엘리자베스 2세의 대관식이 열리게 됩니다.

이때 무엇을 어떻게 해야 되는지 명쾌하게 제시하며 모든 진행을 맡은 것이 바로 1483년 이래 대대로 세습되며 국가적 공식행사를 지휘해 온 문장원 총재(紋章院 總裁, Earl Marshal) 노퍽 공작이었습니다. 일반인들은 예복을 갖고 있지 않았고, 복장의 격식에 관한 지식도 충분한 것이 못되었습니다.

그 수요를 충족시켜 준 것은 오랜 전통의 고급 대여 의상 업체로 1851년 창업한 모스 브로스(Moss Bros)였습니다. 현재는 영국 곳곳에 150개의 매장을 운영 중이면서, 최고의 옷과 의복 장신구 일체를 갖추고 있어서, 예복을 빌리는

사람 입장에서는 입고 난 뒤의 손질이나 수납공간이 필요 없는 편리함 때문에, 이용객이 상당히 많은 것으로 알려져 있습니다.

엘레강트하게 차려 입은 사람들로 붐비는
세인트 제임즈 파크, 1860년.

해러즈(harrods, 런던에 있는 고급 백화점)
앞에서, 1909년.

그랜드 투어

그 기원

브리튼 섬은 유럽 대륙의 서쪽 끝에 위치하고 있어서, 그리스·로마의 고전문화, 르네상스의 대 변혁 등의 문명의 조류가 가장 늦게 도달하는 후진성에 안주하고 있었습니다. 그 콤플렉스는 21세기의 오늘날에도 영국인의 의식 어딘가에 살아있는 듯한 느낌을 받습니다.

그러나 엘리자베스 왕조 말기인 1588년에 당시 세계 최강국이던 스페인의 무적함대를 격파하고 제해권을 쥐게 됨으로써, 동방무역을 통해 급속히 부와 국력을 늘려나갔습니다.

1600년에는 동인도회사가 설립되어, 무역전단이 7개의 대해를 모두 장악했습니다. 금이 있는 곳이라면 물자뿐만이 아니라, 대륙으로부터 예술가들도 방문하였습니다.

하지만 이러한 활황에 찬물을 끼얹은 사건이 일어나게 됩니다. 당시 유럽 대륙에서 대두되고 있던 절대 전제 군주제를 동경하던 스튜어트 왕조 제2대 군주 찰스 1세(재위 기간 1625~1649)가 의회를 무시하는 조치를 계속하자, 이에 반발한 의회파와 왕당파의 항쟁이 발생한 것입니다.

결과는 크롬웰이 이끄는 의회파의 승리로, 1649년에 찰스 1세는 처형되었고, 왕정도 폐지되었습니다. 금욕적 가치를 중시하는 청교도의 지배와 공화제의 시대, 눈에 띄는 행동은 자제하고 조용히 숨죽이며 기회를 노리던 부유층 귀족·지역 유지(젠트리)들은, 1660년의 왕정복고와 동시에 앞을 다투어 자제들을 교육하기 위해 유럽 대륙으로 보내기 시작했습니다.

이 대 여행 붐은 18세기에 들어서서 더욱 활성화되어, 상류계급의 남자가 받는 교육의 완성, 마무리로서 필수적인 것으로 인식되게 되었습니다.

이탈리아의 지도를 자세히 살펴보는 상류계급의 자제들.
1647년.

조각실을 견학중인 모습.

코스와 편성

코스는 시대에 따른 변천이 있기는 하지만, 도버(Dover)에서 출발하여 일단 프랑스의 칼레(Calais)로 건너간 후, 현지에서 여러 대의 마차를 빌리고, 속칭 〈베어 리더(bear leader; 곰 조련사)〉로 불리는 가정교사 겸 후견인으로 젊은 학자(『국부론』을 저술한 애덤 스미스도 이 일을 한 적이 있다)와 각종 일을 처리하는 하인들까지, 때로는 100명을 넘는 일행과 많은 화물을 싣고 일단 파리로 향합니다.

파리는 이 여행의 최초이며 가장 중요한 목적지였습니다. 유럽에서는 동쪽 끝인 러시아에 이르기까지 상류계급의 공통어가 프랑스어로서, 아름다운 프랑스어로 대화를 하고 궁정 스타일의 몸가짐이나 패션을 체득하는 것이, 사교계에 있어서도 사교계 밖에 있어서도 지배계급에 있어서는 필수적인 요소라고 여겨지고 있었습니다.

그렇기 때문에 프랑스 귀족과의 교류 기회가 중요한 것이라서, 말하는 방식을 배우기 위해 가장 모범적인 프랑스어를 구사한다고 알려진 코메디 프랑세즈#(프랑스 국립극장)#의 배우를 섭외하여 개인교습을 받는 일도 심심치 않게 있었습니다.

파리에서 1~2년의 수행을 마치면, 고대 로마의 조각과 르네상스의 회화에 관한 안목을 키우기 위해서, 북부 이탈리아의 도시 피렌체, 토리노, 밀라노, 피사, 파도바, 볼로냐, 베네치아를 방문하고, 로마에서는 고대 유적을 견학한 후, 더욱 남하하여 폼페이의 유적까지 발길을 옮깁니다.

1711년에 나폴리 항구에 인접한 밭을 경작하던 농부가 대리석 파편을 주운 것이, 79년의 베수비오 대 분화로 화쇄류와 화산재에 파묻혀 그 존재조차 잊혀졌던 에르콜라노(Ercolano) 신전 발굴의 단초가 되었습니다.

그로부터 약 반세기 후, 그곳에서 수십 킬로미터 서쪽의 내륙에서, 폼페이가 발견되어 고대 유적 발굴의 일대 붐이 일어납니다. 영국에서 온 젊은 도련님 일행도 유적의 견학과 연기를 뿜고 있는 베수비오 등산을 모험 삼아 도전합니다.

한편 이탈리아가 아니라 벨라스케스, 무리요, 수르바란, 엘 그레코, 고야를 감상하기 위해 스페인으로 향하는 일행도 있었습니다.

알프스를 넘어서 이탈리아를 한 바퀴 돌고 난 일행은, 다시 알프스를 넘어 독일어 사용 지역으로 들어가서, 인스브루크, 베를린, 드레스덴, 포츠담을 돌고 뮌헨이나 하

우피치 미술관을 견학중인 모습.

알프스를 넘는 가마.

이델베르크의 대학에서 학업을 이어가기도 합니다. 마지막으로 암스테르담에서 네덜란드 회화를 감상하고 해협을 건넘으로써, 대 여행은 끝나게 됩니다.

대 여행의 선물

그들은 그야말로 돈을 아끼지 않고 고가의 조각, 회화, 고문서, 태피스트리 등을 대량으로 구입하여 귀국했습니다.

이런 귀중한 문화재가 대영 박물관, 로열 아카데미, 내셔널 갤러리 등의 미술관뿐만 아니라, 오늘날에도 여전히 대다수가 가족의 삶의 터전으로 물려 내려온 컨트리 하우스에 소장되어, 방문객들의 눈을 즐겁게 해 줍니다.

특히 17세기 서양회화에 풍경화라는 장르를 확립한 클로드 로랭, 니콜라 푸생의 고대 신화에 기반한 풍경화는, 가지고 돌아온 그들이나 그 자손들에 의해 1760년 이후 그들의 광대한 저택 부지 전체를 사용하여, 「잉글리쉬 가든」으로 불리는 풍경 정원에 그대로 재현되었습니다.

제3대 벌링턴 백작, 나중에 초대 레스터 백작이 되는 토머스 쿡, 이탈리아에서 화가 수행을 하고 있던 윌리엄 켄트는 그랜드 투어 동기로서 일생 친분을 유지하는데, 건축, 미술을 그저 감상하는 것에 그치지 않고, 3명 합작으로 노퍽(Norfolk)에 영국 팔라디오 형식의 선구적 존재가 되는 쿡의 저택 〈홀컴 홀(Holkham Hall)〉을 설계하였습니다(108페이지 참조).

베네치아의 풍경을 그린 카날레토의 그림은 오늘날의 그림엽서처럼 여행 기념으로 다들 구입했기 때문에, 영국 내의 어느 컨트리 하우스를 가도 볼 수 있을 정도였고, 베드퍼드 공작(Duke of Bedford) 저택인 워번 애비(Woburn Abbey)의 응접실에는 제4대 공작이 베네치아에서 직접 주문한 25장이 벽을 메우고 있습니다.

또한 당시 평판이 높은 화가에게, 자신의 초상화를 그리게 하는 것도 유행하고 있었습니다. 18세기 로마에서 누구보다 유명했던 역사화의 거장, 폼페오 바토니(Pompeo Batoni, 1708~1787)는 일본에서는 거의 알려져 있지 않지만, 고대 로마의 풍경을 뒤의 배경으로 깔고 로마풍의 장신구를 두른 모습으로, 이들 영국인 자제들의 초상화를 다수 그렸습니다.

리처드 밀즈(1735~1820). 이 그림들은 당시 로마에서 가장 인기가 높았던 폼페오 바토니가 그린 상류계급 자제들. 두 작품 모두 고대 로마의 풍경이나 고대 조각 등을 배경에 넣었다.

나중에 던스턴빌 남작이 되는 프란시스 바셋 (Francis Basset, 1st Baron de Dunstanville and Basset), 1757~1835.

Sir 윌리엄 윈 준남작(Sir Watkin Williams-Wynn, 1749~1789), 토머스 에퍼리
(Thomas Apperley, 1734~1819), Sir 에드워드 해밀턴 해군대령(Edward Hamilton,
1772~1851).

윌리엄 고든 대령(1736~1816).

Sir 윈덤(Wyndham) 6대 안스트루더(Anstruther) 준남작(1737~1763).

그랜드 투어의 종언

18세기 말, 프랑스 혁명의 발발과 그에 이은 나폴레옹의 유럽 정복에 따른 혼란으로 인해서, 유럽 내에서의 이동에 큰 제한이 생겼기 때문에 장기간의 여행은 감소하게 되었습니다.

19세기 중반 이후에는, 철도망의 급속한 발달에 의해 싸고 빠르고 안전한 여행이 가능하게 되어, 막대한 비용을 들여서 영주의 행차처럼 치르던 단체 여행은 얼마 되지 않아 사라지게 되었습니다.

제3장

영국 귀족이란

하트필드 하우스(hatfield house)에서의 가든 파티, 1899년.
왼쪽이 나중에 조지 5세가 되는 조지 황태자,
중앙은 프린스 오브 웨일즈(Prince of wales; 영국의 차기 왕위 계승자에게 사용되는 호칭).

귀족과 젠틀맨

후계자를 얻는 것이 최대의 소망

제도상으로는 공작(Duke), 후작(Marquis. 영국에서는 Marquess가 일반적), 백작(Earl. 영국 이외에서는 Count), 자작(Viscount), 남작(Baron)의 5단계 작위를 지닌 남성으로, 작위는 종신제이며 사망 시에는 그 사람에게 가장 가까운 혈연의 남자가 작위를 계승하게 되어 있기 때문에, 당주에게 있어서 작위를 이어받을 적자를 얻는 것이 가장 중요한 소망이었습니다. 이에 따라서 장남을 에어(heir; 계승자)#, 차남을 속칭 스페어(spare; 예비)로 부릅니다.

그러나 그때까지의 군주와 측근인 추밀고문단에 의한 밀실 정치 대신에, 1721년에 로비트 월포올에 의한 책임내각제가 성립하자, 정당의 자금 조달 때문에 작위가 남발되는 사태가 벌어졌습니다. 이 경향은 장기간 지속되어 작위의 인플레이션을 초래했지만, 1958년에 종신 귀족법이 비준된 이후에는 원칙적으로 1대에 한정하여 남작 작위만 수여하게 되었습니다.

그러나 「귀족이기 때문에 존중받는」것이 아니고, 정말로 사회의 존경과 신뢰를 받으며 영국 사회의 근간을 형성하고 견인차 역할을 해 온 것은, 몇 대 동안, 때로는 수세기 동안 이어져 온 가문과 그에 더해서 문장을 쓸 수 있도록 허락된 젠틀맨 계급입니다.

어제까지는 평범했던 사람도 작위를 받은 날부터는 귀족이 되지만, 젠틀맨은 몇 세대나 이어지면서, 세상이 인정하는 가문이 아니면 안 됩니다.

신사는 자신의 본거지에 상당한 토지를 소유하는 지주인 경우가 많고, 그들은 컨트리 젠틀맨(각각의 단어만 단순 번역하여 「시골 신사」로 옮기면 의미와 뉘앙스 측면에서 큰 오류)으로 불리며 근세 영국, 특히 18, 19, 20세기에 걸쳐서 나라의 중추로서 국가를 떠받치고 이끌어왔습니다.

그들이 소유한 광대한 토지는 농지나 목초지이며, 그들의 직업은 농장주입니다. 영국의 직업 랭크에서 최상위는 파머(farmer)인 것입니다. 참고로 영국 최대의 파머는 왕실입니다. 오늘날에도 금융이나 산업의 다양한 분야에서 공을 세우고 이름을 떨친 남자들의 이상의 끝은 지방에 농지를 취득하여 파머의 일원이 됩니다.

평소에 경의의 대상이 되고 특별한 대우를 받고 있는 그들에게는, 오래 전부터 노블레스 오블리주(고귀한 자의 책무)라는 불문율이 있어서, 국가나 공동체에 불시의 재난이나 전쟁 등의 위급 사태가 발생했을 때는, 자신의 안위를 돌보지 않고 사태를 해결하기 위해 선두에 나서는 전통이 있습니다.

20세기 전반에 일어났던 두 번의 세계대전 때도, 상류계급의 전사자 비율은 서민층의 비율을 훨씬 넘어선 수치였습니다. 그 결과, 많은 귀족의 가문에서 장래에 작위를 이어받아야 할 장남이 전장에서 희생되고 스페어인 차남마저

하트필드 하우스에서의 연회. 빅토리아 여왕이 1846년에 방문했을 때의 모습. 여왕의 자리는 우측에 마련되었다.

엘리자베스 왕조 시대의 채츠워스.

전사하여, 작위의 계승권이 숙부나 사촌형제에게 넘어간 예가 적지 않습니다.

　게다가 당주는 광대한 영지에 우뚝 선 대 저택, 컨트리 하우스에서 유유자적 한가로움을 즐기고 있기만 한 것이 아니고, 그 지역 진흥을 위해서 회장이나 총재로서 무료봉사에 할애하는 시간도 상당히 많으며, 넓은 영지의 정비와 저택의 유지, 보수에 소요되는 거액의 경비는 모두 자신의 사업 수입으로 충당해야 합니다.

상류계급의 교육

퍼블릭 스쿨

　귀족, 상류계급의 학교라고 하면, 대부분의 사람들이 이튼 학교(Eton College)를 떠올릴 것입니다.

　영국의 상류, 지식계급의 자제는 중등교육을 공립학교(state school)가 아니라, 사립학교(public school. 미국에서는 말 그대로 공립학교지만, 영국에서는 전혀 다른 뜻으로 쓰인다)에서 받는 경우가 많으며, 퍼블릭 스쿨은 기숙사 제도라서 연간 3회의 휴가와 학기 중간에 설정된 하프 팀(half term)이라는 며칠간의 휴일을 제외하고는, 13세부터 19세 무렵까지의 사춘기 대부분을 집이 아닌 학교에서 지내는 것이 주류였습니다.

그 생활과 규율

　식사부터 시작해서 모든 생활은 전반적으로 검소하며, 예절에 매우 엄격해서 규칙을 위반하면 가차 없이 벌이 내려집니다. 2차 대전 이전에는 채찍으로 엉덩이를 때리는 체벌이 일상적으로 행해지고 있었습니다.

6년간 이런 생활을 견뎌낼 수 있다면, 세계의 어디에 가서도 어떤 환경에서도 견뎌낼 수 있다고 말하며, 19세기 대영제국을 건설한 것은 그들의 힘에 기반한 부분이 크다고 말할 수 있겠습니다.

이튼 이외에도 윈체스터(Winchester College), 럭비(Rugby School), 해로우(Harrow College) 등의 명문교가 많은 인재를 배출하고 있는데, 이들 학교가 처음부터 엘리트만 모아서 교육하기 위해 설립된 것은 아니고, 중세 말기에 가까운 1382년, 오래된 도시 윈체스터의 사교인 위컴의 윌리엄(William of Wykeham, Bishop of Winchester)이, 가난해서 교육을 받지 못하는 70명의 일반 남자아이들을 모아, 의식주 등의 모든 비용을 부담하며 교육을 베푼 자선사업이었습니다.

이들 70명의 장학생들은 지금도 「스칼라(Scholar)」라고 불리며 인원수에도 변동이 없고, 고액의 학비를 지불하는 부유층의 자제는 「코머너(Commoner)」로 불리고 있습니다. 위컴은 장학생들에게 더욱 고등 교육을 받도록 해 주기 위해서, 이것 역시 위컴 본인이 비용 전액을 부담하여 옥스퍼드 대학에 「뉴 칼리지」를 창설하였습니다.

그로부터 반세기 후인 1444년에 당시 국왕 헨리 6세가 위컴의 공적에 감명을 받아, 왕실의 거처 윈저 성의 템즈 강 건너편에 있던 이튼이라는 작은 마을에 같은 수인 70명의 스칼라를 모으고, 더 위의 고등교육을 위해서 케임브리지 대학에 「킹스 칼리지(King's College)」를 창설하였습니다.

토머스 아놀드의 개혁

그러나 그 후에 이들 학교가 순조롭게 발전해 온 것은 아닙니다. 어린 아이에서 성인으로 성장해 가는 10대라는 시기에 특히 남자에게는 폭력과 집단 따돌림이 따라붙기 마련인데, 이것이 기숙학교의 분위기를 어김없이 불유쾌한 것으로 만들고 있었습니다.

1828년, 럭비 스쿨의 교장에 취임하자마자 이 악행에 과감히 맞서서 혁명적인 성과를 올린 것이 바로, 시인이자 평론가인 매슈 아놀드의 아버지 토머스 아놀드(Dr. Thomas Arnold, 1795~1842)였습니다. 그는 그리스도교의 독실한 신앙심으로 교육에 임하였는데, 학생을 포함한 타인의 인간성이나 인격을 중시하였습니다.

　　그가 우선 손을 댄 것은 상급생이 책임을 지고 하급생들을 지도해 나가는 기숙사의 자율적 관리였습니다.

　　그 다음은 보조교사의 처우 개선이었습니다. 기숙사생들을 돌보느라 과중한 노동을 감당해야 하면서도 과도한 저임금에 시달리고 있었습니다. 박사는 이것을 정당한 액수로 끌어 올리고, 그로 인해 생긴 경제적 부담을 메우기 위해서, 학비의 대폭적인 인상을 단행했습니다. 물론 무엇보다도 중요한 학생들의 교육은 신앙심을 기반으로 열정을 다해서 가르쳤습니다. 어떤 종류의 개혁이라도 끈질기고 많은 반대에 직면하게 되지만, 그는 그런 반대자들을 끈기 있게 설득해 나갔습니다.

　　세상 사람들도 퍼블릭 스쿨에 대해 새롭게 인식하여 훌륭한 교육기관으로 평가하고, 앞을 다투어 자제들을 보내게 되었습니다.

　　이튼 출신자가 귀족적인 느낌을 담아 이토니언(Etonian)이라고 불리며, 윈체스터 출신자는 아카데믹한 느낌을 담아 위커미스트(Wykehamist)로 불리는 등, 그 특징이 확연히 구분되는 것은 이 시기부터라고 생각됩니다.

　　아놀드 박사 재임 중에 럭비 스쿨에서 공부했던 토머스 휴즈(Thomas Hughes)가 저술한 『톰 브라운의 학창시절』은 퍼블릭 스쿨을 다룬 소설 1호로, 세월을 거듭하며 무대, 영화, 텔레비전 등 다양한 미디어에서 다루어졌습니다. 그 후에 퍼블릭 스쿨을 무대로 삼은 소설은 몇 권이나 나왔지만, 오늘날에도 계속 나오고 있는 것은 이 책과, 1930년대에 출판된 제임스 힐턴(James Hilton)의 『굿바이 미스터 칩스(Good-bye, Mr. Chips)』뿐인 것 같습니다.

영화 「굿바이 미스터 칩스」에서. 사진협력 재단법인 카와키타(川喜多) 기념 영화문화재단.

퍼블릭 스쿨 출신자의 특징

이들의 특징으로 우선 들 수 있는 것은, 퍼블릭 스쿨 액센트라고 불리는 대화 시의 액센트입니다. 영국은 일본보다 작은 면적에 인구도 절반 정도밖에 되지 않는 나라인데도, 사투리의 종류가 많다는 점에 놀라게 됩니다. 그러나 퍼블릭 스쿨에서는 전국 각지에서 모인 학생들이 동일한 액센트로 말을 합니다. 학교에 따라서, 주로 용어에 약간 차이가 있습니다. 이 사실을 염두에 두고 보면, 뮤지컬 「마이 페어 레이디*」의 첫 부분, 교회의 주랑(벽이 없고 기둥만 늘어선 복도)에서 비를 피하고 있는 히긴스 교수와 피커링 대령의 이상한 내기가 이해될 것입니다. 공통된 액센트로 말하는 사람끼리 친구가 되는 것은 지극히 자연스러운 경향이겠지요.

한눈에 알아볼 수 있는 외견상의 특징으로서, 등을 쭉 편 좋은 자세를 들 수 있습니다. 리셉션 같은 곳에서 오른손에 글라스를 들고 비어 있는 왼손은 등

---

*마이 페어 레이디: 언어학자인 히긴스 교수가 빈민가 출신의 꽃 파는 처녀 일라이자를 교육시켜서 몇 달 만에 귀족적인 언어를 구사하게 할 수 있을지를 두고 대령과 내기를 하는 내용. 원작은 조지 버나드 쇼가 쓴 희곡 「피그말리온」이며, 이것은 자신이 만든 조각상의 여인을 사랑하게 된 피그말리온 신화에서 따온 제목이다. 버나드 쇼는 교육에 의해 신분이나 계급의 차이를 극복할 수 있음을 일라이자를 통해 보여주는 한편, 상류층 레이디로 변신한 일라이자를 여전히 하층민으로 대하는 히긴스 교수의 속물근성을 대조함으로써 피그말리온의 신화적 소재가 현실에서는 통하지 않는다고 주장한 셈이다. 버나드 쇼 사후에 만들어진 영화와 뮤지컬에서는 이런 의도와 달리 완전한 로맨스 물로 각색되었다.

뒤로 돌린 채, 얼굴을 똑바로 상대방으로 향하여 이야기하는 모습은 실로 당당해 보입니다.

또한 최저 일주일에 한 번은 집에, 그리고 신세를 진 사람에게는 시간을 끌지 말고 즉시 편지를 쓰는 것을 의무로 삼고 있어서, 퍼블릭 스쿨 출신을 차 모임이나 식사에 초대했다면, 거의 예외 없이 답례 편지를 받게 됩니다.

여자의 교육

학교나 의무 교육이 다른 나라보다 빨리 시작된 영국에서도 여자의 초등, 중등 교육은 가정에서 행하는 것이 19세기 말까지의 전통으로, 유복한 귀족이나 젠트리의 집에서는 육아실(nursery)과 함께 교실(school room)과 거버너스의 침실(tutor's bedroom)이 마련되어 있었습니다.

남자 아이라면 7세부터 13세까지는 프렙 스쿨(prep school)이라고 부르는 기숙사형 사립 초등학교(primary school은 공립 초등학교)나 퍼블릭 스쿨에 가지만, 여자 아이는 20세기 초엽까지도 가정에서 학습과 숙녀로서의 몸가짐, 댄스, 재봉, 요리 등을 익히며 지냈습니다.

여자 아이가 처음으로 학교에 가게 되는 것은, 19세기 말부터 20세기 초에 일어난 부인 참정권 운동(suffrage)의 선각자들인 서프라제트(suffragettes)의 영향에 의한 것입니다.

현재의 상황

명문 퍼블릭 스쿨에서는 몇 대에 걸쳐 같은 학교에 다니는 것을 당연하게 생각하는 사람들이 여전히 다수를 차지하고 있습니다.

그러나 기본적으로는 농업국이던 영국이 EU에 가입함으로써 값싼 농산물의 수입이 자유화되면서, 대지주였던 귀족, 지배계급의 기반이 흔들리게 된 것과, 2000년 7월에 발생한 미국 금융붕괴의 영향으로, 로이즈(Lloyds) 보험 협회 회원처럼 무한 책임을 전제로 한 파격적인 고금리 자금운용 제도도 어려워졌기 때문에, 지금까지와는 전혀 다른 시점에서 영지(estate)의 경영을 모색하는 것이 급선무가 되었습니다.

제2차 세계대전 이후, 정권을 잡았던 노동당 내각의 사회주의적 정책 때문에, 전에 없던 위기에 봉착한 영지의 경영을 구하기 위해, 선선대가 세상의 비난과 조소를 받아가면서도 컨트리 하우스 비즈니스를 시작한 베드퍼드 공작 가문의 경우, 선대는 스위스의 중학교에서 하버드 대학에 진학해 금융, 경영을 배운 후 시티*(런던의 금융 중심지역)에서 유능한 금융인으로 활약했습니다. 일찍부터 부친에게서 영지의 경영을 물려받아서 골프장을 경영하는 등, 워번 (146페이지 참조)에 대형 테마 파크를 건설한다는 장대한 계획의 실현에 전력을 기울였으나, 과로가 원인이 되어 50대 초에 뇌경색으로 쓰러졌고, 그의 뜻은 현재의 당주인 앤드류가 이어받게 되었습니다.

국회의 개회식에 출석하는 당시 14세의 16대 노퍽 공작. 1923년.

마스터 남작부인 낸시. 가족과 함께. 1913년.

---

*시티: 런던 중심부의 특별행정구역인 금융 밀집지역을 지칭하는 것으로 「City of London」이 정식 명칭이며, 줄여서 「the City」 혹은 그냥 「City」로 불린다. 이곳을 지칭할 때에 철자표기는 반드시 C를 대문자로 쓴다. 사방 1.12 제곱마일의 매우 작은 구역이라서 「스퀘어 마일」이라고도 하고, 이 지역을 둘러싼 나머지 부분을 그레이터 런던으로 부른다. 행정구역상의 그레이터 런던은 옛 런던 지역에 주변 지역을 흡수하여 확장되었기 때문에, 역사상의 런던과는 지역적으로 상당히 다를 수 있다.

앤드류는 해로우 칼리지에 입학했지만, 중퇴하고 스위스의 학교로 옮겨가서 부친인 로빈과 마찬가지로 하버드에 진학했습니다. 앤드류 자신도 이 선택이 옳았다고 말하면서, 해로우처럼 작은 세계의 친구들끼리 뭉치는 것보다, 훨씬 많은 지인과 월등한 유연함으로 다각적인 발상을 얻을 수 있었다고 합니다.

사회 구조의 피라미드

부의 차이는 축소

영국의 사회 구조는 왕실을 정점으로 하고 그 밑에 소수의 귀족을 포함하는 상류계급과 고등교육을 받아서 「에듀케이티드(educated)」로 불리는 지적 직업인들, 그 밖에 대다수의 일반인 노동자(현재도 워킹 클라스라는 명칭이 쓰이고 있다)가 존재한다는 점은, 오늘날에도 크게 달라지지 않았다고 생각되지만, 부의 격차는 훨씬 줄어들었다고 할 수 있겠습니다.

1954년, 버밍햄 대학 언어학 교수 알란 로스(Alan S. C. Ross)가 U and non-U(U는 upper class, 즉 상류층을 가리키고, non-U는 상류가 아닌 서민층을 가리킨다)라는 개념을 발표하여, 「상류와 비 상류의 차이는 사용하는 단어나 표현의 차이에 있다」라고 지적하여, 당시의 사회에 센세이션을 일으켰습니다.

예를 들자면 non-U가 화장실, 거울, 잼을 말할 때, toilet, mirror, preserve를 쓰는데 비해서, U는 loo, looking-glass, jam이라는 단어를 쓴다는 식입니다.

오늘날 많은 사람들이, 빈부의 차이는 더욱 줄어들었고, 언어와 교육에 대한 열의의 차이 이외에는 현저한 격차가 없게 되었다고 말합니다. 하지만 문화와 언어와 유행은 여전히 위에서부터 아래로 퍼져간다는 오랜 경향은 달라지지 않은 것 같습니다.

슬로니

1980년 전후부터 패션으로 젊은이들에게 인기가 높던 첼시 지역 킹스 로드 동쪽의 슬론 스퀘어(Sloane Square) 주변에, 지금은 고인이 된 다이애나 전 황태자비, 사라 퍼거슨 전 앤드류 왕자비 등 상류계급 자녀들이 살게 되었습니다.

그들은 서부극의 주인공 론 레인저를 본떠서 슬론 레인저(Sloane Ranger. 줄여서 슬로니)라고 불렸고, 그들이 선호하는 복장이 젊은이들 사이에서 유행의 지표가 되었습니다.

바버 사(Barbour)에서 나온 왁스 처리된 야외용 점퍼(Moorland Jacket)나 녹색 고무장화 등을 착용하면, 마치 아침에 영지의 목초지에서 막 돌아온 듯한 분위기를 풍기는데, 일본과 다른 점은 유행이라고 해서 모든 사람이 이것을 입으려 드는 것이 아니라, U 이외에는 절대로 이런 것을 착용하지 않는다는 것입니다.

그럼에도 불구하고 4반세기가 지나도록 바버의 인기가 줄어들지 않는 이유는, 슬로니들에 미디어 관계자, 저널리스트, 광고인, 화랑 경영자 등이 더해지고, 거주 범위도 첼시를 벗어나서 예전에는 사람이 별로 접근하려 하지 않던 도심 북쪽의 노팅힐 등, 다른 지역에도 퍼져나갔기 때문이겠죠.

멜라스틴의 하딩턴 백작.
녹색의 고무장화를 착용하고 있다.

세습 귀족

본래 귀족은 세습되지만, 최고재판소에 해당하는 귀족원의 상소재판 담당 법률가(law lord) 11명과, 1958년 제정된 「종신귀족령」에 의해서 작위를 받은 당대 한정의 남작(life peer)도 있습니다. 하지만 그 중에는 전직 탄광노동조합 위원장이 끼어 있기도 해서, 귀족적인 이미지에 맞지 않기 때문에 일반인들에게 그렇게 받은 작위와 전통적인 세습귀족은 각자 다른 것이라고 인식되고 있습니다.

옥스퍼드 대학 출판국에서 1987년에 간행한 『영국 사전(Dictionary of Britain)』에 의하면, 영국의 세습 귀족(hereditary peer)의 수는 여왕의 부군인 에든버러 공이나 차남 요크 공 같은 왕실 공작(Royal Duke)이 5명, 공작이 26명, 후작 36명, 백작 192명, 자작 126명, 남작 482명, 여성 백작 5명, 여성 남작 13명이라고 합니다.

다른 유럽 각국과의 차이

영국 특유의 엄격한 룰

영국의 지배계급은, 군주와 왕실을 정점으로 하는 피라미드형의 구조가 무너지지 않도록, 즉 최상층의 귀족계급이 거품처럼 불어나지 않도록, 치밀하고 교묘하며 엄격한 룰을 만들었습니다.

이것은 매우 복잡하여 외부인으로서는 알기 어려운 구조인데, 외국과의 비교로 그 특징을 두세 가지 들어보자면, 우선 작위의 보유를 당주 1인으로 한정하는 것, 다음 작위의 계승은 가장 가까운 혈연의 연장자 남성이 이어받는 것, 즉 왕위 계승과 동일한 순위입니다. 일본의 가계도처럼 혈연이 아닌 자를 양자로 맞아들여, 작위나 영지를 계승시키는 것은 허락되지 않습니다.

복수의 작위를 지닌 사람도

영국의 작위는 하위부터 순차적으로 상위의 작위가 수여됩니다.

예를 들어, 「헨리 제10대 엑시터 백작, 초대 후작」의 경우라면 두 개의 작위를 지녔다는 것으로, 후작을 받았기 때문에 백작 이하의 작위가 소멸하는 것은 아니며, 두 개 있다고 해서 하나의 작위를 자식이나 동생에게 양도할 수는 없습니다.

명목뿐인 작위 (커티시 타이틀 Courtesy Title)

부친의 두 번째 작위를 내세운다

작위는 당주만의 것이기 때문에, 그 상속인이 될 자식도 엄밀하게 따지면 부친이 사망하는 순간까지 법적으로는 귀족이 아니지만, 부친의 두 번째 작위를 내세우는 것이 관례입니다.

랜스다운 후작의 장남 찰스는 셸번 백작을 칭하기는 하지만 법적으로는 평민이며, 귀족원 의원의 자격도 없고, 오히려 중의원에 입후보할 자격이 있었기 때문에, 실제로는 중의원 의원으로서 정치활동을 펼쳐 왔습니다.

차남, 삼남에게 나눠줄 것은 없다

영지도 연장자인 남성이 상속하므로, 차남, 삼남에게 돌아가는 것은 전혀 없었습니다. 약간의 생활비를 받으며 방 한 칸으로 만족할 수 없었던, 기개 있는 차남 이하의 남자들은 집을 떠나 학자, 법률가, 군인, 실업가, 혹은 식민지의 경영자로서 활약한 사실이, 18, 19세기 영국의 번영에 크게 공헌했다고 보는 견해도 있습니다.

또한 동서고금을 통틀어, 부와 재력은 권력 유지에 빼놓을 수 없는 것이었기 때문에, 엄청난 부를 소유한 귀족들의 권력 과점에 의한 강력한 지배구조 유지가 18, 19세기 영국의 번영을 지탱했다고 볼 수도 있습니다.

한편 다른 유럽 각국에서는 부자나 형제가 같은 작위를 칭했고 상속도 분할 방식을 취했기 때문에 작위의 인플레이션이 일어나 권위가 떨어지고 영지는 잘게 분할되어 가치가 하락했습니다. 부풀어 오른 상류계급은 그런 상황에서도 안일함에 빠져서 근로를 경시하고 노동자 계급의 부담만 점점 무겁게 만든 결과, 결국 낡은 체제의 붕괴를 재촉하게 되었습니다.

블레넘 팰리스. 서쪽의 워터 테라스를 공사하는 모습.
1920년대.

서(Sir)가 붙어도 모두 귀족인 것은 아니다

귀족은 아니지만 작위와 마찬가지로, 수상의 추천에 의해 군주가 수여하는 칭호 중에 바로넷(baronet)과 나이트(knight)가 있습니다.

두 가지 모두 이름 앞에 존칭인 Sir를 붙이지만, 전자는 세습되고 후자는 당대에 한정됩니다. 바로넷의 경우 나이트와 구별해야 할 때는, Sir Marcus Worsley, Bt. 혹은 Bart. 이라고 표기합니다. 부부를 함께 표기할 때는, Sir David and Lady Wright 식으로 합니다. Sir에는 반드시 이름이 따라 붙으며, 직접 성이 오는 경우는 없습니다.

호칭은 대단히 복잡

문장원과 협의

작위의 호칭은 문장원(紋章院: College of Arms)이라는 기관과 협의하여 결정합니다. 대부분 자신의 이름과는 별도로, 노섬버랜드 공작(The Duke of Northumberland)처럼 본가에 가까운 지명(본래는 영지를 의미한다)을 취하지만,

웰링턴 공작의 장례. 1852년.

고 다이애나 전 황태자비의 부친(현재는 동생)의 작위명인 스펜서 백작(The Earl Spencer)처럼 성씨를 그대로 사용하는 경우도 있습니다.

어떤 경우든 당주는 로드(Lord)를 붙여서 호칭하게 됩니다. 또한 명목상의 작위를 칭하는 장남도 마찬가지로, 공작과 후작의 차남 이하는 로드에 (성이 아닌)이름을 붙이고, 백작, 자작, 남작의 아들이라면 디 오너러블(the Honourable)을 붙입니다. 여성의 경우는 조금 달라서, 공작, 후작, 백작의 딸은 레이디(Lady)를 붙이고, 자작, 남작의 딸은 디 오너러블을 이름 앞에 붙입니다.

『다시 찾은 브라이즈헤드』에서는

컨트리 하우스나 귀족에 대해 이야기할 때, 에블린 워(Evelyn Waugh)의 소설이며 드라마로도 호평을 받았던 『다시 찾은 브라이즈헤드(Brideshead Revisited), 1982년』가 자주 인용되므로, 이것으로 예를 들어보겠습니다.

영국의 컨트리 사이드(countryside; 전원 지대, 시골 지역)가 마음에 들지 않아서, 17세기 말에 선조가 중세의 성을 바로크 양식으로 개조한 「브라이즈헤드 성」과 런던의 저택 「마치메인 하우스」를 가족에게 맡긴 채, 애인과 함께 베네치아

16대 말버러 공작과 그 부인. 조지 6세의
대관식을 위한 정식 예복 차림. 1936년.

에서 은둔생활을 하고 있는 마치메인 후작은 로드 마치메인(Lord Marchmain), 경건한 카톨릭 신자인 아름다운 부인은 레이디 마치메인, 장남의 명목상 작위인 브라이즈헤드 백작은 로드 브라이즈헤드(가족은 브라이더라는 애칭으로 부른다), 도리안 그레이 같은 분위기를 풍기는 미소년 차남은 로드 세바스천, 그의 여동생이며 이제 막 사교계에 데뷔한 미소녀는 레이디 줄리아라고 고용인들이 호칭합니다.

그러나 어린 시절에 후작 부인 대신 아이들을 키웠던 유모 미세스 호킨스만은 로드나 레이디를 붙이지 않고 그냥 이름만 부릅니다.

공작 각하는 특별

요- 마제스티

일본어에도 폐하, 전하, 각하 같은 종류의 경칭이 있는데, 이 말에 들어 있는 「하(下)」는, 신분이 높은 사람을 직접 지칭하는 것을 삼가고, 그 사람의 발밑을 가리킨다는 의미를 담고 있다고 합니다.

이와 비슷하게 자신을 낮추는 용법이 영어에도 있는데, 여왕을 직접 불러서 말을 걸 경우라면, 처음에 "How d'you do, Your Majesty."와 같이 「요- 마제스티」, 두 번째부터는 "Yes, Ma'am"과 같이 「마-암*」. Ma'am은 Madam의 단축형이지만, 그렇다고 해서 「마담」으로 발음해서는 안 된다고 합니다.

그 이유는 뭘까요? 예전에는 사창가의 여주인을 Madam으로 불렀기 때문에, 「여왕 폐하께 같은 발음으로 대답을 할 수는 없다」라는 이유라고 합니다.

....

*영국식 영어와 미국식 영어가 약간 발음이 다른 것은 비교적 널리 알려져 있는데, 흔히 우리가 「유어」라고 한글로 표기하는 「Your」를 영국에서는 「요~」에 가깝게 발음한다. 미국식 영어의 발음도 사실은 「요어」에 가까운 발음이다. Ma'am의 경우도 영국식에서는 본문처럼 「마-암」이지만, 미국 발음으로는 「매-앰」에 가까운 편. 이 책은 영국의 귀족에 대한 책이므로, 본문 번역중의 영어 발음 한글 표기는 되도록 영국식 발음에 가깝게 적고 있으니 참고하기 바란다. (역자)

요- 하이네스

　왕실의 남성을 불러야 할 경우, 처음에는 「요- 하이네스(Your Highness)」, 두 번째부터는 「서(Sir)」라고 합니다.

　3인칭으로 사용할 경우에는 각각 「허- 마제스티(Her Majesty)」, 「히즈 로열 하이네스(His Royal Highness)」가 됩니다.

　마찬가지로 귀족의 경우, 「요- 로드십(Your Lordship)」, 「요- 레이디십(Your Ladyship)」이라고 하는데, 여왕폐하도 특히 「마이 커즌즈」라고 부르는 공작만은 「요- 그레이스(Your Grace)」라고 말합니다.

제4장

명가 탐방

킨로스 하우스(Kinross House)

홀컴 홀 레스터 백작가 | Halkham Hall The Earl of Leicester

임시 작위

영국에는 "Courtesy Title(커티시 타이틀)"이라는 독특한 관습이 있습니다. 장남은 부친이 보유한 두 번째의 작위를 칭한다는 것으로, 이것은 정식 작위가 아닙니다. 장남은 부친이 사망한 시점에 아버지가 갖고 있던 모든 작위를 물려받게 됩니다.

레스터 백작가의 경우, 가계도 상의 가장은 7대 레스터 백작(The 7th Earl of Leicester, 1936~)이지만, 백작은 70세가 된 것을 기점으로 저택인 〈홀컴 홀〉을 장남인 쿡 자작 토머스(Thomas, the Viscount Coke)에게 물려주고, 자신은 영지 내의 작은 집으로 옮겨가서, 영지의 경영에 대해 필요할 경우 조언을 해 주고 있습니다. 따라서 현재의 실질적인 당주 토머스가 칭하고 있는 작위는 임시적인 것이라고 할 수 있습니다.

〈홀컴 홀〉이 있는 레스터 백작가의 영지는 "Wells-next-the-Sea"라는 지명에도 나타나 있듯이, 바닷가에 매우 가까이 있습니다. 겨울에는 멀리 시베리아로부터 북해를 건너온 염분기 많은 한풍이 불어 닥칩니다.

불모의 토지에

이 저택이 들어서기 이전인 지금으로부터 250년 전, 바다를 향해 완만하게 경사진 쿡 가문의 영지에는 나무가 하나도 없었고, 풀도 양에게 전부 뜯어 먹힌 상태였습니다.

이곳을 지나간 여행자가 「한 조각의 풀잎을 두고 두 마리의 토끼가 아귀다툼할 정도로 불모의 토지」라고 기록하고 있습니다. 웅장한 저택을 짓기에는 전혀 어울리지 않을 것 같은 이 땅에, 한 시대의 상징이 된 팔라디오 양식(이탈리아의 건축가 안드레아 팔라디오가 고대 로마의 건축을 연구하여 만들어낸 복고 양식)의 집을 세운 것은 젊었던 시절의 토머스 쿡(Thomas Coke, 1697~1759), 훗날 초대 레스터 백작이 될 사람이었습니다.

쿡은 불과 10세의 나이로 홀컴의 토지를 포함한 막대한 재산을 상속받았고, 얼마 지나지 않아 당시 부유층 자제들이 다들 그랬듯이, 가정교사를 동반하여 그랜드 투어를 떠나게 되었습니다.

초대 레스터 백작, 토머스 쿡.

그랜드 투어에서 고전예술을 배우다

유행이기는 해도, 이런 여행에서 아무것도 배우지 못한 채 그저 돈만 낭비하고 끝나는 일은 별로 없었으나, 쿡은 원래부터 미술에 대한 소양을 갖추고 있었기에, 고전예술에 대한 교양을 쌓았을 뿐만 아니라, 여행 중에 훗날 3대 벌링턴 백작이 되는 리처드 보일(Richard Boyle, 3rd Earl of Burlington, 1694~1753)과 18세기 전반기에 건축·내장·가구 디자이너로 이름을 떨친 윌리엄 켄트, 두 명의 평생지기 친구를 얻었습니다. 홀컴 홀은 이 세 남자들의 우정의 산물이라고 할 수 있습니다.

쿡이 이탈리아에서 귀국한지 15년 후인 1734년, 이 저택을 건축하기 위한 준비가 다 되었습니다. 켄트의 원안에 기반하여, 현지의 건축가 매튜 브레팅험(Matthew Brettingham)이 시공 도면을 제작했습니다.

또한 켄트는 정원(park)의 사면 정상에 오벨리스크를 세운 뒤, 그 주변에는 큰 너도밤나무를 촘촘히 둘러 심고, 어린 묘목으로 졸참나무도 심었습니다. 그리고 오벨리스크에서 문으로 향해 뻗어있는 털가시나무 가로수 길을 정비함으로써, 집 자체의 건설이 시작되었습니다.

켄트의 원안에 따르면 주 건물의 남면 외벽은 모두 러스티케이션(rustication; 거칠게 다듬은 돌을 쌓아 올리는 공법)으로, 주요 층(piano nobile; 보통 응접실이 있는 2층 부분)에 이어지는 한 쌍의 바깥 계단도 그려져 있었습니다. 하지만 실제로는 1층만 러스티케이션 처리를 하였고, 바깥 계단도 실현되지 않았습니다. 그리고 이곳에서 직선 거리로 약 20km 밖에 떨어지지 않은 호턴 홀(Houghton Hall)이 이 저택의 건축에 큰 영향을 주었다고 하는데, 호턴이 석조인 것과 대조적으로 홀컴은 모두 벽돌로 건축되었습니다.

이 집의 외관에서 가장 기묘한 것은 정면에 해당하는 북쪽 면입니다. 도무지 구제의 여지가 없을 만큼 뻣뻣하고 재미없게 생긴 그 인상을 두고 「스페인의 감옥 같다」고 비유한 사람이 있을 정도입니다.

홀컴 홀. 정면과 분수.

홀컴 홀. 대형 휴게실.

최대의 자랑, 마블 홀

그러나 중앙 입구를 들어선 순간, 이 저택의 최대 자랑거리인 마블 홀이 눈앞에 나타납니다. 『비트루비우스(Vitruvius)의 건축서(로마 시대의 건축학을 정리한 것)』를 충실히 따랐던 안드레아 팔라디오(Andrea Palladio 1508~1580)의 「정의의 신전」 디자인을 모방한 것으로, 천장은 이니고 존스(Inigo Jones. 1573~1652)의 디자인을 따왔습니다. 플루팅(fluting; 기둥에 세로 방향으로 반원형 홈을 파서 장식하는 것) 조각이 된 이오니아식 원기둥은 대리석이 아니고, 실은 더비셔(Derbyshire) 산의 알라바스터(alabaster; 대리석의 일종으로 아름다운 무늬가 있다. 눈을 뿌린 것 같다고 하여 설화석고라고도 부르며, 경도가 낮아서 조각용 소재로 많이 쓰였다)입니다.

이 시기 즈음에는 컨트리 하우스가 점차 주택의 용도보다 수집한 미술품을 진열하는 미술관으로서의 기능을 가지게 되었습니다. 홀컴 홀도 초대 백작과 그 자손들이 모은 방대한 미술품과 서적의 보고입니다.

「조각의 갤러리(The Statue Gallery)」를 장식하는 수많은 로마 조각 명품들, 「풍경의 방(The Landscape Room)」에 있는 여러 점의 클로드 로랑(Claude Lorrain) 등은 토머스 쿡이 알바니 추기경에게서 1754년에 사들인 것 중의 일부입니다.

홀컴 홀.
클로드 로랑의 풍경화가 벽을 채우고 있다.

마블홀.

또한 브라운 스테이트 베드룸(Brown State Bedroom)에는 바스티아노가 그린 미켈란젤로 작품 「카시나 전투」의 밑그림 모사가 있는데, 이것은 피렌체의 베키오 궁전에 레오나르도와 쌍을 이루어 그려졌던 벽화가 손실되고 없는 오늘날, 유일하게 현존하는 자료로서 귀중한 작품이기도 합니다.

저택이 미술관처럼 변했어도 삶의 터전이 아니게 된 것은 아니고, 남면 우측의 별관은 당초부터 가족들의 거주용으로 설계된 것입니다.

두 명째의 초대 레스터 백작

초대 백작 토머스 쿡은 후계자를 남기지 못하고 세상을 떠났습니다. 이 때문에 작위는 1759년 토머스의 사후에 폐작되었습니다. 그로부터 약 80년 후, 조카의 아들인 토머스 윌리엄 쿡(Thomas William Coke, 1754~1842)에게 같은 명칭의 작위(The 1st Earl of Leister of 2nd Creation)가 수여됨으로써, 두 명째 초대 레스터 백작이 탄생하게 되었습니다.

토머스 윌리엄은 1782년, 28세의 하원의원으로서 아메리카의 독립 승인을 추진하였습니다. 또한 무엇보다도 가축의 개량이나 2모작의 창안 등에 의해 건실한 모범 농가로서 「노퍽의 쿡("Coke of Norfolk")」은 전국적으로 알려진 유명인이었습니다.

컨트리 하우스 중 유일한 세계유산

18세기 초엽, 유럽에서는 루이 14세의 프랑스와 영국-유럽 각국의 사이에서 스페인 왕위 계승을 둘러싼 전쟁이 계속되고 있었습니다.

1704년 8월, 그 전쟁에 종지부를 찍을 전투가 남독일의 블린트하임(Blindheim)에서 벌어져, 영국-신성 로마제국 연합군이 승리를 거두었습니다.

이때 영국군을 지휘한 말버러 공작 존 처칠(John Churchill, the Duke of Marlborough, 1650~1722)은 그 공으로 신성 로마제국의 대공 작위를 수여 받았습니다.

또한 앤 여왕으로부터는 옥스퍼드 북쪽 12km의 우드스톡에 있는 왕실의 장원을 하사 받고, 이곳에 국비로 마음에 드는 집을 세울 수 있도록 허락 받았습니다. 이렇게 해서 완성된 것이 블레넘 팰리스입니다.

블레넘의 전장에서 지휘를 하는
초대 말버러 공 존 처칠.

건축가와 공작 부인의 갈등

 이렇게 역사에 남을 전장의 이름은 블린트하임에서 블렌하임(Blenheim)으로 약간 바뀌어 전해지게 되었고, 나중에는 발음이 더욱 변하여 블레넘이 되었습니다. 공작은 캐슬 하워드(Castle Howard)의 개축 작업으로 좋은 평가를 받았던 밴브루(Sir John Vanbrugh. 1664~1726)와 같은 휘그당 동지였기에, 그에게 설계를 의뢰한 것은 지극히 자연스러운 일이었을 것입니다. 하지만 여기부터는 잔혹한 드라마가 펼쳐지게 됩니다.

 공작은 지위에 상응하는 규모와 격식의 저택을 원했고, 부인은 주부로서 살기 편리한 집을 하루라도 빨리 갖고 싶었으며, 밴브루는 시대를 대표하는 건축가로서 세계 제일의 궁전을 세우고 싶다고 생각했던 것입니다. 이상을 추구하며 점점 에스컬레이트되는 건축가의 플랜에 공작은 별다른 이의를 제기하지 않았지만, 빨리 새 집에 정착하여 안락한 생활을 누리고 싶었던 부인과의 사이에 생긴 균열은 날이 갈수록 더욱 깊어질 뿐이었습니다.

 1716년 가을, 부인의 심한 비난과 중상에 더 이상 견디지 못한 밴브루는 결국 절연장을 보내고 블레넘을 떠났습니다.

 남은 공사는 그 지역의 무어라고 하는 하청업자에 의해 당초의 설계대로 진행되었습니다. 밴브루의 조수였던 혹스무어(Nicholas Howksmoor. 1661~1736)는 몇 번인가 돌아와서 내부 인테리어나 정원의 건물에 관여하기도 하였으나, 밴브루는 떠난 이후 완성될 때까지 이곳을 방문하는 일이 없었다고 합니다.

 몇 년 지나지 않아 공작은 저택의 완성을 보지 못하고 세상을 떠났습니다. 그로부터 3년 뒤인 1725년, 밴브루는 완공을 축하하기 위해 캐슬 하워드의 창건자인 칼라일 백작 일행과 함께 젊은 부인을 동반하여 블레넘을 방문했지만 공작부인의 명에 의해 수위에게 입장을 거부당했습니다.

블레넘 팰리스. 정면.

블레넘 팰리스. 팔라디오 양식의 다리.

다양한 표정을 지닌 저택

저택은 북쪽을 정면으로 삼고, 남쪽 면에는 설룬(Saloon; 휴게실)을 중심으로 스테이트 룸(내빈실)이 줄지어 있습니다. 정면은 좌우 양 날개로 주랑(colonnade; 벽이 없고 지붕을 받치는 기둥만 쭉 이어진 복도형 건축물)이 앞 정원을 감싸듯이 이어져 있고, 깊숙이 들어간 정면의 포티코(portico; 기둥으로 튀어나온 지붕만 받친 건물의 현관. 내빈이 차에서 내리는 장소로 흔히 이용된다)와 좌우의 코너 타워 위에 늘어선 작은 첨탑(pinnacle)이, 역광에 비쳐서 준엄한 실루엣이 드러납니다.

한편 남쪽 면에는 거의 튀어나온 부분이 없고, 햇빛이 충분히 비치는 넓은

블레넘 팰리스. 동문.

잔디밭과 맞닿아 있어서, 부드러운 표정을 보여 줍니다.

동쪽 면은 이탈리아 풍, 서쪽 면은 프랑스풍의 양식 정원과 접해 있습니다. 이처럼 각 면이 저마다의 표정을 지니고 있다는 점이 이 저택의 외관상의 특징이라고 할 수 있겠습니다.

그레이트 홀은 로마네스크의 대성당처럼 아치를 2단으로 겹쳐서 더욱 중후하고 위엄있는 모습을 드러내고 있습니다. 집의 내부 장식은 루이 왕조풍이 주를 이루고 있지만, 다른 저택의 롱 갤러리에 해당되는 롱 라이브러리는 크리스토퍼 렌 경(Sir Christopher Wren, 1632~1723)의 교회를 연상시키는 바로크 양식입니다.

블레넘 팰리스.
롱 라이브러리.

블레넘 팰리스. 예배실(chapel).

전장의 태피스트리

 이 집에서도 반 다이크나 레널즈의 초상화를 다수 볼 수 있습니다만, 그 중에서도 압권은 블렌하임의 전투를 사실적으로 표현하며 짜낸 「전장의 태피스트리」일 것입니다. 이것 이외에도 건물의 세세한 부분부터 장식에 이르기까지, 루이 14세의 프랑스를 격파한 승리의 기념물이 사방에 산재합니다.

 홀 천장의 프레스코화는 궁정화가인 제임스 쏜힐 경(Sir James Thornhill)이 그린 것으로, 로마 제국의 장군 의상을 입은 공작이 영국의 상징인 여신 브리타니아(Britannia)에게 블렌하임의 작전을 설명하는 모습이 그려져 있습니다.

 설룬의 천장화는 공작이 전차(chariot)를 타고 하늘을 달려가는 모습을 프랑스인 화가 루이 라게르(Louis Laguerre)에게 그리게 한 것입니다. 기이한 우연이지만 라게르의 대부(Godfather)는 공작이 물리친 루이 14세였습니다.

왕궁 이외에 팰리스라는 명칭을 지닌 유일한 저택

 이 궁전의 볼만한 점이라면 역시 규모와 호화로움일 것입니다. 그리고 왕궁이 아니면서도 팰리스라는 명칭이 붙은 저택은 이곳 말고는 달리 없습니다. 계곡 쪽으로 내리막이 시작되는 북쪽 대지 끝부분에는 월계수의 관을 쓰고 마치 시저처럼 옷을 두른 초대 공작 존 처칠의 동상이 높다란 원기둥 위에 서 있습니다.

 여기에서 곧바로 저택 정면을 향해 내려가면 호수에 걸쳐져 있는 그랜드 브릿지가 보이면서, 고귀한 것에 가까이 다가가는 긴장감을 높여줍니다.

 공작이 이 궁전에 돌아갈 때의 위풍당당한 모습을 위해, 밴브루는 반드시 이 정도 규모의 다리가 필요했습니다. 하지만 건설 당시, 이 다리 밑에는 사람이 한 걸음 점프해서 건너갈 수 있을 만큼 작은 개천이 졸졸 흐르고 있을 뿐이었습니다.

현재 볼 수 있는 멋진 호수는, 1세대 후인 케이퍼빌리티 브라운(Lancelot "Capability" Brown. 1715~1783)이 하류에 댐을 쌓아서 조성한 것입니다. 공작은 다리를 놓겠다는 계획을 좋아했지만, 공작부인은 이 대책 없는 낭비에 격노했었다고 합니다. 이것이 바로 건축가와 공작부인 사이에 생겨난 불화의 발단이 되었고, 수치스러운 결말을 부르게 된 원인이라고 전해집니다.

윈스턴 처칠 경의 생가

20세기 영국 최대의 정치가 윈스턴 처칠 경(Sir Winston Churchill. 1874~1965)은, 이 저택에서 태어났습니다. 23세 무렵에 사촌형인 제9대 공작에게 장남이 태어나기 전에는 작위를 계승할 가능성도 있었습니다.

그러나 처칠 가문에 큰 자부심을 가지고 있던 그는, 나중에 여왕이 새로운 공작 작위를 수여하겠다는 제안에도 「차라리 그냥 처칠로 머무르고 싶다」면서 고사합니다.

블레넘은 1978년, 유네스코 세계유산으로 지정되었습니다.

처칠 전 수상의 모친 제니.
아메리카 부호의 딸이었다.

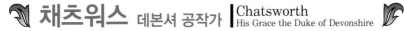# 채츠워스 데본셔 공작가 | Chatsworth
His Grace the Duke of Devonshire

가장 좋아하는 저택

「컨트리 하우스 중에서 가장 좋아하는 집은 어느 것입니까?」라는 단순한 질문은, 의외로 대답하기가 어렵습니다. 하지만 좋아하는 집을 단 하나만 고르라고 하면, 저는 아마도 「채츠워스」라고 대답할 것입니다.

20여 년 전, 캐슬 하워드의 만찬회에 초대받았을 때, 당주인 사이먼 하워드가 저를 「컨트리 하우스에 흥미를 갖고 있는 사람」이라면서 40대로 보이는 큰 키의 귀족에게 소개해 주었습니다.

그의 이름에서 추정해 볼 때, 19세기 중간 무렵의 정치가로, 스코틀랜드 야드(Scotland Yard; 런던 경찰국)를 설립한 로버트 필 경(Sir Robert Peel, 1788~1850)의 자손인 것 같았습니다.

그는 "7할의 대인친화력과 3할의 냉담함"을 느끼게 하는 상류계급에서 흔히 볼 수 있는 타입으로, 저와의 대화에 적절히 반응하고 있지만 사실은 그다지 흥미가 없다는 것이 느껴졌습니다. 근본도 알 수 없는 이국인이 자신들 고유의 문화를 이해할 수 있겠는가…라는. 물론 그렇게 생각한다고 해서 이상할 것은 없습니다. 결국 대화를 끝마치려는 듯이 빠른 말투로 이렇게 질문을 했지요.

「한 가지만. 당신이 가장 좋아하는 집은 어디입니까?」

상대방의 기세에 밀린 저는 반사적으로 「채츠워스!」라고 대답했습니다. 그 순간, 우리 사이에 끼어있던 꺼끌한 모래 장막이 스르륵 사라진 것 같았습니다.

「나도 그래요!」

그것은 처음으로 튀어나온 그의 진심이었습니다. 그때부터 화제가 사방으로 난무하면서, 자연스럽게 마치 친구들 사이의 대화 같은 것이 계속되었습니다. 그저 그런 적이 있었다는 정도의 이야기입니다만, 채츠워스가 화제에 오르면 언제나 필 경과 대화했던 그때가 생각납니다.

「이렇게 놀라운 일이 있을 수 있는가」

채츠워스는 창건 당시부터 견학 희망자에게 개방되어 있었기 때문에, 문인들의 편지나 기행문에 가장 빈번하게 등장하는 집이기도 합니다.

『로빈슨 크루소』의 작가 대니얼 디포(Daniel Defoe. 1660?~1731)가 『영국의 여행(1729년)』에서 기록한 채츠워스의 인상은 「이렇게 놀라운 일이 있을 수 있는가」라는 감탄의 말이었습니다.

그것은 불모지인 더비셔의 황야를 끝없이 여행한 끝에 기진맥진하여 언덕 끝에 선 순간, 그야말로 보기 좋은 풍경 속에, 더없이 사람의 눈을 즐겁게 해주는 정원과, 이 세상 것으로 생각되지 않을 만큼 아름다운 이 저택

미로 정원(Maze).

채츠워스. 다리 너머로 보이는 동쪽 면.

그로토(grotto; 인공 동굴).

온실을 겸한 담벽.

을 본 순간의 말이었을 겁니다. 그 광경은 오늘날 우리를 감동시키는 그것에서 거의 변하지 않았습니다.

1842년에는 3마일 남쪽의 로슬리(Rowsley)까지 철도가 이어져서, 여름 동안에만 8만명의 관광객이 방문했었다고 합니다. 현재는 런던까지 가는 지선의 일부가 폐지되어 있어서, 교통편은 오히려 그 당시가 나았을 지도 모르겠습니다. 메이지 4년(1871년)에는, 이와쿠라(岩倉), 키도(木戸), 오오쿠보(大久保) 등 구미시찰단(이와쿠라 사절단) 일행도 디포와 같은 체험을 했을 것입니다.

채츠워스의 기초를 쌓은 영국사상 최대의 여걸 「하드윅의 베스(Bess of Hardwick. 1527~1608)」는 81년간의 생애 동안 저택 건축에 열을 올렸는데, 그 꿈을 네 번의 결혼을 통해 착착 실현해 갔습니다.

채츠워스 북측 면. 윌리엄 탤만 설계.

영국사상 최대의 여걸, 하드윅의 베스

베스는 이 지방의 이름도 없는 시골 지주(squire)의 딸이었으나, 그녀의 두 번째 남편인 윌리엄 카벤디쉬 경(Sir William Cavendish, 1507~1557)은 헨리 8세의 조정 중신으로, 「수도원 해체」의 집행관을 하며 재산을 축적한 인물이었습니다.

부친과 전 남편의 유산으로 이미 상당한 지주가 되어 있었던 베스는, 이 두 번째 남편에게 서퍽(Suffolk)의 영지를 팔고 현재의 채츠워스 대지를 포함한 주변 일대를 사도록 설득했습니다. 비가 한 번만 와도 물에 잠기고, 어느 방향에서 들어오더라도 습지대를 건너지 않으면 안 되는, 악조건투성이의 땅에 현재의 4, 5층 높이에 해당되는 석조 저택을 세웠던 것입니다.

이 집은 건축공학을 무시한 증축이 추가되었습니다. 당초 2층 건물이었던 것에, 대형 휴게실을 갖춘 3층을 무리하게 올린 탓에, 결국 외벽이 휘고, 사방에 거북의 등처럼 균열이 생겨서 위험한 상태까지 되고 말았습니다.

제4대 백작(훗날의 초대 후작)은 1685년, 당시의 대표적인 신고전양식 건축가 윌리엄 탤만(William Talman, 1650~1719) 등을 기용하여 대 개축을 실시하였습니다. 이로써 채츠워스의 외관은 아름다운 영국 바로크 양식으로 변모하게 된 것입니다.

하드윅의 베스.

윌리엄 카벤디쉬 경.

베스가 어느 방향에서 접근하더라도 고개를 넘고, 습지대를 건너야만 하는 위치에 저택을 지은 것은, 그 당시로서는 대단히 비상식적인 일이었을 것입니다. 그러나 그녀가 1세기 반 후의 채츠워스 풍경을 예견했던 것이라면, 정말 유례가 없는 탁월한 안목이라고 하지 않을 수 없습니다.

「온고지신 – 옛 것을 배워서 새로운 것을 안다」는 것이 학습이며, 학습에 의해 획득한 것이 지식이나 학식이 될 텐데, 베스에게는 보고 배울 만한 선배가 거의 없었습니다. 바로 그런 점 때문에 채츠워스의 창건은 그녀의 뛰어난 독창성의 산물이라고 할 수 있겠습니다.

다리 너머로 보이는 저택의 아름다움

채츠워스의 매력은 무엇보다도 그 배치에 있으며, 탤만이 천부적인 재능을 발휘하여 실현시킨, 영국 바로크 양식의 편안한 느낌 또한 빼 둘 수 없습니다. 하지만, 강의 코스를 조금 서쪽으로 바꾸고, 기존보다 상류 쪽으로 다리를 옮김으로써, 지금도 찬사를 받는 경관, 「다리 너머로 보이는 저택」을 연출한 것은 18세기 후반의 건축가인 제임스 페인(James Paine)이었습니다. 게다가 그 직후, 저택 배후의 사면을 영국식 자연 정원으로 바꾼 것은 케이퍼빌리티 브라운입니다.

내부의 장식은 전부 바로크 양식입니다. 페인티드 홀과 다수의 스테이트 룸 천장과 벽에는 루이 라게르(Louis Laguerre. 1663~1721)나 제임스 쏜힐 경(Sir James Thornhill)의 프레스코화가 그려져 있습니다. 또한 다수의 가구가 윌리엄 켄트(William Kent. 1685~1748)의 디자인이라는 점도 특기할 부분입니다.

그레이트 다이닝 룸.

🌿 올소프 스펜서 백작가 │Althorp 🌿
The Earl Spencer

고 다이애나 전 황태자비의 본가

올소프를 언급함에 있어서, 무엇보다도 우선 「이 집은 고 다이애나 전 황태자비, 프린세스 다이애나의 고향이다」라는 점을 말해두지 않을 수 없겠지요. 1983년에 제가 처음으로 이 저택을 방문했던 동기도, 바로 그 세기의 결혼 때문이었습니다.

집 그 자체에 대해서는, 회화의 컬렉션이 상당한 수준이라는 점 이외에는, 특별히 강한 인상을 받지 못했습니다.

단지, 매점이나 티 룸이 설치되어 있는 예전의 마구간(Stable) 정원에서, 「웰링턴」이라 불리는 진흙 묻은 고무장화를 신고, 갈퀴를 손에 들고 서 있는, 마치 체격 좋은 농부로 보이는 중년 남성을 만났습니다.

뭔가 간단한 대화를 나눴을 때, 어디선가 봤던 얼굴이라고는 생각하면서도 딱히 중요하게 생각하지는 않았습니다만, 얼마쯤 지나서 돌아가는 차에 오른 뒤에야 비로소, 그가 얼마 전 신문의 결혼식 사진 등에서 자주 보았던 다이애나 황태자비의 부친이라는 걸 알아차렸습니다.

3년 후에, 황태자 부부가 일본을 첫 방문했을 때, 어느 리셉션에서 만난 적이 있는데, 다이애나 비에게 그때 일을 말씀 드렸지요.

「고무장화를 신은 차림새라서 정원사라고만 생각했었습니다」

그렇게 말한 순간, 약간 긴장한 탓에 피곤한 기색이 엿보이던 프린세스의 뺨이 발그레해지면서, 굳은 표정이 풀어지고 안심한 듯한 웃음소리가 새어 나왔습니다.

「그 얘기를 들으면, 아버지는 분명 기뻐할 거예요」

18세기 그대로인 저택

올소프의 건물은 원래 엘리자베스 왕조 시절의 붉은 벽돌, 중앙 정원식이었지만, 17세기 중반이 되어 이 중앙 정원은 현재의 설룬(Saloon; 휴게실)으로 불리는 방으로 개조되었습니다.

저택은 그 후로도 개조가 계속되었고, 시대에 따라서 형태와 크기가 바뀌어갔지만, 최종적으로 1786년, 제2대 백작이 헨리 홀랜드(Henry Holland, 1745~1806)에게 의뢰하여 전면적인 개축을 실시하였습니다. 홀랜드는 건축가 케이퍼빌리티 브라운의 제자이며, 로버트 애덤이 주장한 신고전주의의 신봉자였습니다.

홀랜드는 붉은 벽돌 구조를 흰색이 감도는 밝은 색 벽돌로 뒤덮었는데, 이 벽돌은 서퍽의 입스위치(Ipswich)에서 특별히 굽게 했다고 전해집니다. 또한 추가로 16세기부터 집 주위를 둘러싸고 있던 해자를 메워 없애고, 케이퍼빌리티 브라운의 조수인 새뮤얼 라피지(Samuel Lapidge)의 협력을 얻어 정원도 개조하였습니다. 정원은 1860년대에도 한 번 더 대대적인 개조가 가해졌는데, 그 이후로는 집의 외관도 내부 장식도 18세기 말부터 현재까지 거의 바뀌지 않은 상태입니다.

올소프. 마구간.

스펜서 = 처칠 가의 인척

앞서 나왔던 블레넘 팰리스의 말버러 공작 스펜서 = 처칠 가문(Spencer - Churchill)은 사실 이 스펜서 가문의 종가에 해당됩니다.

초대 공작 존 처칠의 장남 존이 요절하고 말았기 때문에, 특례가 인정되어 장녀인 헨리에타(Henrietta)가 작위를 계승하여, 말버러 여공작(Duchess of Marlborough)이 되었습니다.

그러나 헨리에타에게도 아이가 없었기 때문에, 제3대 선더랜드 백작 찰스 스펜서(Charles Spencer, 3rd Earl of Sunderland)와 결혼한 차녀 앤(Anne)의 차남, 즉 헨리에타의 조카가 되는 제5대 선더랜드 백작 찰스 스펜서가 제3대 말버러 공작을 계승하게 되었습니다. 그 후 제5대 공작이 국민적 영웅인 초대 공작을 기념하여, 스펜서 = 처칠로 2개의 성을 병기함으로써 오늘날까지 이어지고 있습니다.

원래는 「올트럽」

한편 공작을 계승한 찰스의 동생 존은 새롭게 스펜서 백작을 수여 받아, 현재의 스펜서 백작 가문 시조가 되었습니다. 초대 말버러 공작 부인 사라(Sarah)는 이 손자에게 많은 토지와 미술품 등의 재산을 증여했습니다. 그것들이 이 저택 컬렉션의 기반이 된 것입니다.

「올소프」의 발음은 원래는 백작의 두 번째 작위 "Viscount Althorp"와 마찬가지로 「올트럽」으로 발음되어야 합니다. 나이 든 고용인에게 확인해 봤더니, 선선대의 백작 시대까지는 분명히 「올트럽」으로 부르고 있었으나, 대중성을 선호했던 선대 백작이 일반적으로 통용되던 잘못된 발음으로 굳이 바꾸어 사용하게 했다고 합니다.

루벤스 룸

엘리자베스 왕조 시대의 롱 갤러리였던 픽쳐 갤러리(Picture Gallery)에는 반 다이크 이외에도 18세기 영국의 유명한 초상화가였던 넬러나 릴리 등이 그린 초상화가 늘어서 있고, 창건 당시에는 중앙 정원이었다고 하는 계단실 설룬의 벽은 층계 위쪽도 아래쪽도 선조들의 초상화로 뒤덮여 있습니다.

카드를 즐기는 초대 말버러 공작 부인 사라.
넬러 그림. 1681년.

또한 라이브러리 옆에 붙어서, 응접실로 사용되는 루벤스 룸(Rubens Room)은 그 이름이 뜻하는 그대로 루벤스의 그림이 장식되어 있습니다.

설룬에서 이어지는 회랑과 대 식당(State Dining Room)에는 훌륭한 고 이마리(古伊万里: 17세기에 유럽에 수출된 일본 도자기) 작품들이 다수 놓여 있었습니다만, 선대의 후처에 의해 처분된 것도 있다고 합니다.

올소프. 정면.

버글리 하우스 엑시터 후작가 Burghley House
The Marquess of Exeter

빽빽한 작은 탑

영국 역사의 황금시대로 불리며, 지금도 여전히 로맨틱한 이미지를 갖게 하는 엘리자베스 왕조 시대(1558~1603)에 재무상(Lord High Treasurer), 수석대신 (Chief Minister)이라는 최고의 권력자 지위를 유지했던 버글리 경 윌리엄 세실(William Cecil. 1520~1598)이 자신의 권력과 영예를 과시하기 위해, 1555년에 이 저택을 세우기 시작했습니다.

이 집의 위용을 높이고 있는 것은 옥상에 무수히 늘어선 작은 탑과 고대 신전의 기둥을 본뜬 굴뚝의 집단들입니다. 18세기 초에 이곳을 방문한 『로빈슨 크루소』의 저자 대니얼 디포는 그 인상을 다음과 같이 적어 남기고 있습니다.

버글리 하우스. 옥상.

「집이라기보다는 마을 같은데,
탑이나 작은 첨탑이 높이 솟았고,
게다가 하나 하나가 고립되어 보이기 때문에,
많은 교회가 늘어선 대도시를
멀리서 보고 있는 느낌이었다」

참고로 이 무렵의 런던은 대화재 이후에 큰 돔을 지닌 바로크 양식으로 재

건된 지 얼마 안된 세인트 폴 대성당과, 그 주변에 아직 스모그로 더럽혀지지 않았던 새하얀 52개의 교회 첨탑이, 뿜어 오르는 분수처럼 곧바로 하늘을 향해 뻗어 있는 모습을 템즈 강 건너편에서 바라볼 수 있었습니다.

버글리 하우스.
옥상에서 중정을 바라본 모습.

버글리 하우스.
레이크와 다리.

17세기 후반의 아리타 도자기 컬렉션

세실은 뛰어난 행정관이었을 뿐 아니라, 학자, 사업가로서도 탁월한 사람이 었습니다. 14세에 케임브리지 대학에 입학했고, 고전, 역사, 정치, 종교를 배운 최고의 교양인으로, 해외 무역에 투자했던 관계로 중국 명나라 시대의 청화백자를 수집했습니다. 이것이 세실 가의 막대한 미술품 컬렉션의 기초가 되었고, 그 자손들도 더욱 수집품을 늘려갔던 것입니다.

청나라 시대의 백자나 청화백자도 일품이지만, 압권은 17세기 후반의 카키에몬(柿右衛門; 17세기 유럽에 수출되었던 화려한 색채의 일본 도자기)을 포함한 아리타(有田; 일본의 도자기 생산지이며 이곳에서 만들어진 자기의 총칭으로도 쓰임)의 자기들입니다. 또한 그 밖에도 일본의 칠 공예품, 회화, 공예품, 가구류의 컬렉션도 헤아릴 수 없이 많습니다.

정문에서 바라본 버글리 하우스의 서쪽 정면. 문과 철책은 장 티주 작품.

호화찬란한 헤븐 룸

월리엄의 다음 세대에 세실 가는 두 개의 계통으로 나뉩니다. 장남 토머스는 엑시터 백작을 수여 받아 버글리 하우스를 계승했고, 차남 로버트는 아버지 뒤를 이어 수석대신을 맡았는데, 특히 다음 왕조인 제임스 왕 시대에 활약하여, 솔즈버리 백작을 수여 받았습니다.

제5대 엑시터 백작 존(1648~1700)은 프랑스와 이탈리아를 네 번이나 장기간 여행하며, 가구, 조각, 태피스트리를 주문하고, 피렌체나 베네치아에서 많은 회화를 구입하였습니다. 또한 주형세공사 장 티주(Jean Tijou, 1689~1711)에게 연철제의 문「골든 게이트(Golden Gate)」를 제작하게 하고, 화가 루이 라게르에게는 볼룸(Ballroom; 무도회장), 안토니오 베리오(Antonio Verrio)에게는 조지 룸스(George Rooms)와 헤븐 룸(Heaven Room)의 벽화 제작을 맡겨서, 내부를 바로크 양식으로 개수하는 작업에 착수했습니다.

특히 베리오가 원근법을 구사하여, 3개의 벽화와 천장 가득히 천사가 무리지어 날아다니는 천국의 광경을 묘사한 헤븐 룸의 호화찬란한 파노라마는 눈을 크게 뜨고 감탄하게 될 뿐입니다.

제9대 백작 브라운로(Brownlow)는 증조부의 유지를 이어받아, 반세기 이상 중단돼 있던 조지 룸의 재단장을, 당시 유행이 시작되려 하던 신고전양식을 도입하여 완성시켰습니다. 또한 케이퍼빌리티 브라운에게 의뢰하여 오래된 튜더식 정원을 레이크(Lake)와 팔라디오 풍의 다리를 갖춘 영국식 정원으로 변경하였습니다.

그레이트 다이닝 룸의 천장.
베리오 그림.

버글리 하우스. 남쪽 면.

버글리 하우스. 현관 홀.

당주는 올림픽 금메달리스트

제10대 백작은 초대 엑시터 후작을 수여 받았습니다. 한참 후대로 내려와서 제6대 후작 데이비드(1904~1981)는 영화 「불의 전차」에 등장하는 가상의 인물 린지 경의 모델인데, 1928년 올림픽 육상 400m에서 실제로 우승한 금메달리스트입니다.

국제 올림픽 위원이고, 제2차 세계대전 이후 처음 열린 런던대회 조직위원장으로 일했는데, 데이비드가 시조 윌리엄의 직계임을 나타내는 엑시터 작위와 저택을 자기 자손에게 물려주기 위해서는 반드시 아들이 있어야 했지만, 7대 버클루 공작의 4녀인 최초의 아내 메리 사이에서 태어난 4명의 아이들 중 유일한 아들이던 존은 요절했고, 재혼한 다이애나에게서 태어난 것도 딸이었습니다. 따라서 작위는 동생인 마틴에게 계승되었습니다.

그렇지만 하다못해 저택만이라도 자기 자손에게 물려주기 위해, 재단을 설립하여 저택과 정원을 재단의 소유로 하고, 4녀인 빅토리아(Lady Victoria Leatham, 1947~)를 관리자로 임명하여, 그녀와 남편과 자녀들은 이곳에서 살 수 있게 되었습니다. 빅토리아는 2007년에 은퇴했고, 현재는 장녀인 미란다가 그 뒤를 잇고 있습니다.

제6대 후작 데이비드.
올림픽 금메달리스트로,
영화 「불의 전차」에서
허들 주자 린지 경으로 등장했다.

빅토리아의 말에 따르면 이 집에 관한 가장 오래된 기억은, 이 집의 다른 방들이 모두 아직 가스등을 쓰고 있었던 시절에, 유일하게 전등이 켜지던 것은 서재(Library)였는데, 부친이 텔레비전으로 「페리 코모 쇼(미국 대중 가수 Perry Como가 1953년부터 시작한 인기 TV 프로그램)」를 보고 있었던 일이라고 합니다. 그녀가 결혼해서 이 집을 떠나게 되었을 때는, 설마 나중에 이 집으로 다시 돌아와서 살게 될 줄은 꿈에도 몰랐었다고 회상하고 있었습니다.

빅토리아는 오랫동안 먼지와 어둠 속에 잊혀져 있던 보물찾기에 도전했습니다. 낡은 서류뭉치 속에서 어린 시절에 들은 적이 있는 「1688년의 재산 목록(inventory)」을 찾아내어, 발굴되는 보물을 차례 차례 대조해 나갔습니다. 목록의 제일 첫 항목은 「레슬링을 하는 중국의 소년」이라고 기록되어 있는데, 실은 1680년경 아리타에서 구워진 「채색그림 스모 인형」으로, 동양에 대한 당시 사람들의 인식 수준을 엿볼 수 있습니다.

그리고 이 재산 목록을 작성한 제5대 백작부인은, 영국의 대 자산가 중의 하나인 데본셔 백작의 딸로, 본가로부터 상속받은 수많은 중국 도자기, 은제품, 보석, 가구, 회화류의 기록을 명확히 해두기 위해, 1690년에 「데본셔 셰줄(Devonshire Schedule; 재산 명세서)」을 작성했습니다.

이 두 개의 목록은 세실 가의 미술품 편년(編年: 오래된 연대순으로 배열하는 것)에 도움이 되었을 뿐 아니라, 도자기 역사 연구 측면에서도 귀중한 자료가 되어 주었습니다.

귀족의 저택에 보존되어 있는 히젠 도자기 〈이마리(伊萬里)〉

다나카 시게코 Shigeko TANAKA

동양의 도자기가 장식품으로

　귀족의 저택을 방문해 보면 알게 되는 것 중 하나는 서양의 도자기뿐만 아니라 동양에서 16~18세기에 걸쳐 들여온 도자기들도 실내 장식품으로 널리 사용하고 있다는 점입니다.

　그 장식 방법도 일본과는 달리 커다란 접시를 벽에 걸어둔다거나, 단지의 뚜껑과 몸통 사이에 금속 장식을 추가하여 커다랗게 보이게 한다든가, 때로는 단지, 병, 접시 등의 몇 가지 그릇들을 금속 장식으로 엮어서 하나의 장식품으로 놓는다든가, 청화백자의 하얀 부분을 금색으로 칠해버린다는 식으로, 당시의 실내 장식에 맞추어서 생각지도 못한 방식으로 이용하고 있는 경우가 많습니다.

　때로는 이가 빠진 가장자리를 제거하고 접시의 바닥 부분만 금속으로 둘레를 장식하여 벽에 걸기도 했는데, 동양에서 건너온 자기는 고가였기 때문에 상당히 귀한 취급을 받은 것 같습니다.

　이렇게 동양에서 건너온 자기의 대부분은 중국의 경덕진요(景德鎭窯)에서 만들어진 청화백자 대형 항아리라든가, 이로에(色絵; 색회. 그림을 그려 넣은 일본 도자기) 접시 등이지만, 그 중에는 큐슈 히젠 아리타(九州 肥前 有田)의 가마에서 구워진 17세기 중반부터 18세기 초반의 청화백자, 다양한 이로에 자기도 보이며, 때로는 이 속에 막부 말기, 메이지 시대에 일본 각지에서 수출용으로 만들어진 자기가 섞여있는 일도 있습니다.

히젠 도자기

  컬렉션의 수장(收藏)목록이 작성된 해는, 그 속에 기록된 도자기의 제작연대 하한선을 의미합니다. 예를 들어 버글리 하우스의 1688년 수장목록과 저택에 남아있는 일본 도자기와의 대조, 일본의 가마터와 소비지역의 고고학적 조사 결과와 종합 비교하여 아리타 자기의 편년 작업을 진행했습니다. 아리타의 가마에서 만든 제품이 이마리(伊萬里)로 불리는 이유는, 아리타에서 육로를 통해 이마리 항구로 운반된 후, 배에 실어서 일본 각지에 공급했기 때문입니다. 이후 나가사키 데지마(出島)에 많이 와 있던 네덜란드 사람들이 이마리에서 운반되어 온 도자기를 이마리라고 부르게 되었고, 이 호칭은 아직까지 서양 각국에서 쓰이고 있습니다.

  일본에서는 에도 시대의 아리타 도자기를 통상적으로 「고이마리(古伊萬里)」라고 부르며, 이 명칭은 청화백자와 이로에 도자기 양쪽을 모두 가리키지만 「古伊萬里」를 그대로 영어로 옮겨서 old Imari로 부를 경우, 서양에서는 아리타의 이로에 자기만 지칭하는 단어로 쓰이고 있고, 청화백자는 blue & white라고 부릅니다. 또한 최근에는 카키에몬(柿右衛門) 가마에서 만들어진 제품과 그에 속한 자기들을 「kakiemon」으로 구별하기도 합니다. 이 주변의 가마에서 구워진 자기를 모두 포함하는 의미로 일본에서는 히젠 자기(肥前磁器)라는 총칭을 쓰는 경우도 많아졌습니다.

  버글리 하우스(134페이지 참조)에는 틀로 찍어낸 새나 인형 등의 장식품이 다수 소장되어 있는데, 최근에 수장 목록과 대조하여 이것이 1670년 이후의 카키에몬 가마의 제품으로 밝혀졌고, 워번 애비(146페이지 참조)에도 카키에몬의 크고 작은 접시와 항아리가 갖춰져 있는 등, 런던에서 당일 왕복이 가능한 곳이므로, 귀족들이 어떤 일본 자기를 아꼈었는지 한 번 보고 와도 좋겠습니다.

  두 저택 모두 젊은 세대가 선대의 흔적을 이어 받아 어떻게 저택과 영지를 경영해 나갈 것인지 진지하게 고민하고 있지만, 귀족의 저택에는 회화, 가구, 은식기 등 오늘날 서양에서는 도자기보다 높게 평가되는 보물들이 아직도 상당수 남아 있어서, 주인의 관심이 일본의 도자기까지는 미치지 않는 저택도 있으므로, 앞으로도 저택의 한 구석에 남몰래 잠자고 있던 아리타 자기가 발견되는 일이 있을지도 모릅니다. (수출 동양 도자 연구가)

홀컴 홀 대형 휴게실(The Saloon) 중앙의 문 양쪽에 배치된 높은 촛대는 18세기 초엽의 아리타 산 채색그림 병을 사용한 것.

워번 애비 지하의 도자기 진열실에 있는, 17세기 후반 아리타의 카키에몬 가마에서 제작된 이로에 동양자기 컬렉션의 일부.

벨튼 하우스(Belton House) 안티 라이브러리(Ante Library; 옛 도서실 앞의 작은 방) 벽에 부착된 찬장에는 17세기 후반~18세기 초반의 중국 자기들이 진열되어 있는데, 그 속에 17세기 후반의 아리타 산 이로에 자기도 일부 장식되어 있다.

스퀘어리스 코트(Squerryes Court). 17세기 말~18세기 초엽의 아리타 제 이로에 자기 팔각 대항아리(뚜껑까지 86cm)와 긴 병.

벨튼 하우스 안티 라이브러리의 바닥에 놓여있는, 동양 도자기 4개를 조합한 장식물. 아래에서 두 번째 청화백자 항아리는 17세기 후반의 아리타 제. 나머지는 중국제.

벨튼 하우스 퀸즈 베드룸의 전기 스탠드로 전용된 18세기 초반의 아리타 제 이로에 자기 항아리(높이 49cm).

워번 애비 베드퍼드 공작가 | Woburn Abby The Duke of Bedford

황폐해진 저택의 부활

300년의 역사를 지닌 베드퍼드 공작의 저택인데, 13대 공작은 1974년에
집의 관리와 영지의 경영을 장남인 태비스톡(Tavistock) 후작에게 넘기고 은퇴

워번 애비. 정면.

하였습니다.

공작의 가문명은 러셀(Russell)로, 유명한 철학자 버트런드 러셀 경은 이 일족 출신입니다. 런던에 "Russell"과 "Bedford"라는 이름이 붙은 거리나 광장이 많다는 것만 봐도, 엄청난 대지주였음을 짐작할 수 있습니다. 1960년대까지 야채와 꽃시장이 있었고, 80년대에는 젊은이들에게 인기 있는 거리로 재개발된 코벤트 가든(Covent Garden)의 부지도 이 가문의 땅이었습니다.

부친과 의견 차이로 집을 떠나 아프리카에서 농장을 경영하고 있었던 공작

은, 1953년에 부친이 사망하면서 대단히 황폐하게 변해버린 광대한 저택과 막대한 상속세를 물려받게 되었습니다. 이때부터 워번만은 어떻게 해서든 지키겠다는 공작의 분투가 시작되었습니다.

코벤트 가든 마켓.
1726~1730년.

워번 애비.
중국식 정자.

운영자금을 위해 종합적 오락시설로 만들다

각지에 흩어져 있던 영지를 정리하여 세금을 납부하였으나, 황폐해진 저택과 정원을 복구하고 유지하려면 더욱 막대한 자금이 필요했습니다. 그는 이 저택을 적극적으로 관광사업의 중심으로 활용할 방안을 생각하여, 집을 견학하기 쉽게 정리하고 식당이나 매점을 설치함으로써, 아이를 동반하고 하루를 즐길 수 있도록 유원지, 캠프장, 사파리 파크까지 갖춘 종합적인 유원지 시설로 만들어냈습니다.

공작이 주관하는 유료 만찬회, 무도회도 개최했는데, 이런 기획은 영국의 서

워번 애비. 마구간 앞마당.

민뿐만 아니라 당시 관광객의 주류였던 미국인들에게도 큰 인기를 끌었습니다. 현재는 호텔도 있습니다.

이 같은 행보에 대해 귀족 동료들은 당연히 불쾌하게 생각하고 백안시했지만, 워번이 날로 번성하는 모습을 보면서 동일한 고민을 갖고 있던 그들도 점차 이 사례를 따라가게 되었습니다. 이리하여 워번은 이제 흔하게 볼 수 있는 "Stately Home Business"의 선구자가 된 것입니다.

워번 애비. 저택의 정면에서 레이크를 바라본 모습.

워번 애비. 정면에서 중앙 정원을 바라본 모습.

기업적 재능은 가문의 유전

　이러한 공작의 기업가적 재능은 선조로부터 물려받은 재능이 아닐까요? 17세기에 초대 공작은 관개공사를 통하여 영지 내의 습지대를 농경지로 변모시켰습니다. 18세기 중반에는 농업 개량에 의욕을 불태운 제4대 공작이 베드퍼드셔의 모든 경작지에 4년 주기(3년간 심고 1년을 쉬는)를 도입하여, 4반세기만에 수확을 두 배로 늘렸습니다.

　그는 나중에 국가 임업정책의 기본이 된 식림계획도 창안하였습니다. 그 후에도 대대의 당주들은 농업 개량이나 영지 운영의 개선 등으로, 타 귀족들의 모범이 되어왔습니다.

　애비라는 이름이 나타내듯이, 워번도 과거에는 시토 회(프랑스 Citeaux에서 창설된 수도회. 베네딕토 회의 분파로서 베르나르도 회라고도 불린다) 수도원으로, 이 저택 이외에 두 군데의 영지 태비스톡과 체니즈(Chenies)도 시종의 임무를 수행했던 선조에게 헨리 8세가 내린 수도원 자리입니다. 러셀 일족이 이곳을 본거지로 삼게 된 것은, 1625년의 페스트 대 유행을 피해 이곳으로 피난했을 때부터라고 합니다.

정원의 장식, 그로토

　제4대 공작은 이곳에 본격적인 저택을 짓기로 결심하고 1733년 존 샌더슨(John Sanderson)에게 설계를 의뢰하지만, 실제로 건축을 시작한 것은 1747년입니다. 그리고 일을 맡긴 건축가도 벌링턴 경이 후원자였던 헨리 플리트크로프트(Henry Flitcroft)로 바뀌어, 팔라디오 양식 내지는 신고전양식의 분위기가 강해졌습니다. 집의 설계와 내부 장식의 일부는 윌리엄 체임버스 경(Sir William Chambers)이 담당하였습니다.

　그로토는 1625년에 이주하였을 때 세웠던 집의 일부분으로, 현재 남아있는 유일한 부분입니다. 원래는 외벽이 없는 로지아(loggia)로, 당시 건강에 가장 좋다고 알려졌던 외기욕(外氣浴)을 위해 만들어졌던 것입니다. 주로 채널 제도 (The Channel Islands) 산의 전복 껍데기가 사용되었는데, 당시로서는 상당히 유니크한 방식입니다. 그 후 그로토는 주로 19세기에 정원의 장식으로서 선호되었습니다.

그로토. 주로 채널 제도에서 채취한 전복 껍데기가 사용되었다.

엘리자베스 1세의 「아마다 포트레이트」

롱 갤러리에는 헨리 8세 이후의 왕실이나 가족의 초상화가 늘어서 있는데, 그 중심에는 엘리자베스 여왕의 초상화 중에서도 가장 유명한 「아마다 포트레이트(The Armada Portrait)」가 있습니다. 이 그림은 오른손을 지구본에 얹고서 전 세계에 군림하는 여제로서의 엘리자베스를 나타낸 것으로, 그림 속 배경의 왼쪽에는 영국을 향해 공격해 오는 스페인의 무적함대가 그려진 그림이 걸려 있으며, 오른쪽에는 괴멸되어 전복된 무적함대의 암울한 모습이 그려진 그림이 걸려 있습니다.

이 집에도 많은 유명 화가들의 그림이 있습니다만, 그 중에서도 18세기 영국의 초상화가이자 로열 아카데미의 초대 총재를 지낸 조슈아 레널즈 경의 작품만 모아 둔 레널즈 룸과, 카날레토(Canaletto, 1697~1768)의 풍경화 24점으로 장식된 식당은 꼭 한 번 봐 둘만 한 가치가 있습니다.

엘리자베스 1세의 아마다 포트레이트(Armada Portrait). 배경 왼쪽에는 아마다 선단의 위용, 오른쪽에는 괴멸된 모습이 그려져 있다.

현재의 공작 앤드류.

원래 마구간이던 곳을 개조한
앤틱 샵.

공작부인이 경영하는 기념품점.

글래미스 성

Glamis Castle

맥베스 전설

마녀 1   맥베스 만세! 글래미스의 영주에게 축복 있으라!

마녀 2   맥베스 만세! 코더의 영주에게 축복 있으라!

마녀 3   맥베스 만세! 장차 왕이 되실 분!

(『맥베스』 1막 1장)

이 유명한 셰익스피어의 비극 초반부에, 개선장군으로서 귀로에 오른 글래미스 영
주 맥베스는 황야에서 만난 마녀 3자매로부터 수수께끼로 가득 찬 예언 비슷한 말을

글래미스 성. 외관.

듣게 됩니다.

귀환하자마자 정말로 국왕 던컨에 의해 코더의 영주로 임명되자, 야심가였던 맥베스 부인은 「장차 왕이 되실 분」이라는 예언을 하루라도 빨리 실현시키기 위해 남편을 부추겨 국왕이 글래미스 성에 방문했을 때 그가 잠자는 틈을 노려 살해합니다.

이 맥베스 전설 때문에 방문하는 관광객 수가 꽤 많습니다만, 맥베스가 글래미스 영주였다는 역사적 사실은 없습니다.

하지만 모처럼 멀리서 찾아온 손님들에게 실망을 주지 않으려는 스코틀랜드 사람들의 배려일까요. 크립트(Crypt)라고 불리며 으스스한 분위기가 정말 그럴싸한 지하의 한 구석에 「던컨즈 홀」이 마련되어 있습니다.

20세기 히로인의 생가

연이어 터져 나오는 이혼이나 스캔들로 인기가 예전 같지 않은 로열 패밀리 중에서도, 유일하게 전 국민으로부터 절대적인 신뢰와 경애를 받았던 퀸 마더(현 엘리자베스 2세의 어머니)는, 19세기의 마지막 해에 이곳의 성주 스트래스모어 킹혼 백작 부부의 6남4녀 중 밑에서 두 번째 아이로 태어났습니다.

글래미스 성. 응접실.

제1차 세계대전 직후인 「광란의 20년대」에 청춘을 보낸 엘리자베스는, 칵테일을 마시고 담배를 피우며 단발머리를 하고 숏스커트 차림으로 찰스턴 춤을 추어대는 당시 상류계급 딸들의 유행은 멀리하고, 타고난 명랑함과 상냥함, 성실함 때문에 비슷한 나이의 젊은 남자들 사이에서 인기의 중심이었습니다.

황태자이며 나중에 미국인 심프슨 부인과의 사랑을 관철하기 위해 왕위를 버렸던 사교적인 형과는 대조적으로, 남들 앞에서 말하는 것이 서툴고 내성적이던 제2왕자 요크 공의 열렬한 구애를 「보통 여자의 평범한 행복」을 바랐기 때문에 두 번이나 거절했던 그녀는, 부부와 아이들끼리 간섭 받지 않는 가정생활을 보내게 해 줄 것을 조건으로 23세에 왕자의 세 번째 구혼에 응했습니다.

13년 후, 예상도 못했던 형의 퇴위에 의해 남편이 어쩔 수 없이 왕위에 오르자, 그녀는 민중 속으로 들어가 마치 친구처럼 대화하는 새로운 왕실의 모습을 선보이며 사상 최고의 왕비이자 황태후로서 일생을 보내게 되었습니다.

글래미스 성.
퀸 마더가 태어난 침대.

천개(天蓋) 안쪽에 이 침대에서 태어난 아이의 이름과 생년월일의 자수가 놓아져 있다.

column
캐슬 하워드
Castle Howard

공사감독에서 건축가로

전통을 중시하여 오래된 좋은 것을 소중히 지키고 후세에 남겨주는 한편으로, 전통의 틀을 깨고 상상도 못했던 혁신적인 기획을 시도하는 것도 영국인의 특성이라고 할 수 있을 것입니다.

엘리자베스 왕조에서 제임스 왕조 초기까지 컨트리 하우스의 건축을 맡았던 것은 공사감독(surveyor)으로 불렸던 기술자로 주로 석공의 우두머리였는데, 도면을 그리고 목수, 미장이, 창호 등의 각 분야 기술자를 고용하고, 자재를 조달하며, 주문사의 요구에 최대한 충실하게 따르는 시공을 했습니다.

1610년대에 들어서서 젊은 시절에 베네치아에서 화가 공부를 하다가 건축의 매력에 빠진 이니고 존스가, 16세기 북부 이탈리아의 대표적인 건축가 안드레아 팔라디오(Andrea Palladio. 1508~1580)의 유작 원고 다수를 그의 제자 스카모치(Vincenzo Scamozzi. 1548~1616)로부터 사들였습니다.

그는 1605년부터 왕실의 예술주임 비슷한 지위에 임명되어, 영국에서 최초로 건축가로 불리게 되었고, 1640년대에 청교도 혁명이 시작될 때까지 왕실의 건축을 담당했습니다.

건축주의 의향대로만 시공하던 공사감독, 하청업자를 대신하여 자신의 의지와 디자인을 지니는 건축가의 시대가 시작되었습니다.

캐슬 하워드. 남쪽 면과 분수.

위대한 아마추어의 시대

1642년에 시작된 청교도 혁명은 1649년 국왕 찰스 1세의 처형으로 마무리되었고, 이후 약 10년간 금욕적인 청교도 지배 하의 공화제가 이어지는데, 1660년에 전 국왕의 장남인 찰스 2세를 옹립하여 왕정이 부활되면서 세상에는 다시 활기가 돌기 시작했습니다.

이 시대에 1666년의 런던 대화재로 붕괴된 중세 고딕 양식 대성당 세인트 폴즈를, 새롭게 대형 돔을 씌우고 바로크 양식으로 설계한 크리스토퍼 렌 경은, 옥스퍼드 대학의 천문학 교수였습니다. 그는 건축의 전문가들은 오히려 생각해내기 어려운 대담한 발상으로, 수많은 난제를 해결해 나갔습니다.

크리스토퍼 렌 경.

2중 3중의 놀라움

또한 이 시기에 「타락 ― 위험 속의 미덕」이 대 히트하여 하룻밤 사이에 극단의 총아가 된 극작가 존 밴브루가, 상류계급의 놀이친구 중 한명인 제3대 칼라일 백작 찰스 하워드의 의뢰를 받고, 폐허나 마찬가지였던 중세의 성을 장엄하고 화려한 바로크 양식의 궁전으로 재건축했습니다.

당시 사람들은, 그들의 친구들까지도 백작이 건축과는 전혀 인연이 없었던 밴브루에게 일을 부탁했다는 사실에 우선 놀랐고, 그 다음에는 그의 화려하고도 편안한 디자인에 놀랐으며, 그 이상으로 전혀 건축에 대해 문외한이던 사람이 이 일을 무사히 해냈다는 것에 놀랐습니다. 그리고 이것이 불과 30년 정도의 기간이기는 하지만, 컨트리 하우스 역사상 가장 자유분방했던 「영국 바로크 시대」의 발단이 되었습니다.

캐슬 하워드.
「Temple for Four Winds」라고
이름 붙여진 정원의 정자.

캐슬 하워드의
정원과 접한 남쪽 면.

캐슬 하워드.
레이디 조지아나의 베드룸.

봉건영주에서 남작으로 윌리엄 세실의 경우

† 탁월한 재능을 발휘했던 수퍼스타 †

영국 역사상 흔치 않은 두뇌의 소유자

윌리엄 세실(1520~1598)의 가문은 귀족 출신은 아니지만, 가신이나 소작인을 보유했던 봉건영주(the lord of the manor)였던 것 같으며, 그 봉토(manor)는 지금도 세실 가의 본거지로서 계승되고 있는 버글리 하우스(146페이지 참조)가 있는 링컨셔의 스탬퍼드(Stamford, Lincolnshire) 인근에 있고, 당시부터 상당히 광대한 면적을 소유하고 있었던 모양입니다. 아버지도 조부도 지방의 유력인사에 어울리는 치안판사 등의 요직을 위임 받고 있었습니다.

윌리엄은 위로 세 명의 누나가 있는 막내아들이고, 영국 역사상 비교할 사례를 찾기 어려울 만큼 비상한 두뇌의 소유자로, 군사, 재정, 법학, 고대사 연구, 특히 그리스어, 라틴어 등의 고전 언어 등, 다방면에서 탁월한 재능을 발휘했던 수퍼 스타였습니다.

아마도 「될성부른 나무는 떡잎부터 알아본다」는 말이 어울리는 수재였던 모양입니다. 그의 부친은 외동아들을 그랜섬의 킹즈 스쿨에 입학시켰습니다. 이 학교는 1329년에 창립된, 영국에서도 가장 오래된 학교 중 하나로, 자연과학 연구의 선구자 아이작 뉴튼 경(Sir Isaac Newton, 1642~1727), 연극의 황금시대였던 18세기의 대표적 극작가이자 배우, 흥행사였던 콜리 시버(Colley Cibber, 1671~1757) 등 많은 인재를 배출하였습니다.

윌리엄 세실.

14세 때 케임브리지 대학에

1532년, 윌리엄은 약관 14세로 케임브리지 대학 세인트 존스 칼리지에 입학했고, 이곳에서 그 당시 최고로 알려진 교육자이며 고전어학자인 로저 애스컴(Roger Ascham, 1515~1568)과 존 체크 경(Sir John Cheke, 1514~1557)의 지도를 받아 희귀한 그리스어를 익혔을 뿐만 아니라, 체크의 여동생 메리의 사랑마저 얻어서 그녀를 최초의 아내로 맞이합니다.

1541년, 아버지 리처드는 학위를 따게 두지 않고 윌리엄을 퇴학시켜서, 고등법학원의 하나인 그레이즈 인(Gray's Inn)에 들어가게 하였습니다. 메리 체크와의 사이가 너무 깊어졌기 때문인 것으로 추측되지만, 그 시대에는 작위를 갖지 못한 자가 출세하기 위해서는 법률가가 되는 것이 가장 빠른 지름길이라는 인식이 있었기 때문일지도 모르겠습니다.

토머스와 로버트

그런데 그로부터 4개월 후에 윌리엄은 전격적으로 결혼을 감행하여, 다음해 5월에는 훗날 엑시터 백작을 수여 받게 되는 장남 토머스가 출생했습니다. 하지만 그 다음해 2월에 메리는 세상을 떠나게 됩니다.

3년 후인 1546년 12월에 윌리엄은 앤서니 쿡 경의 딸인 밀드레드(Mildred cooke)와 재혼합니다. 그녀는 앞서 나왔던 애스컴이 「우리나라에서 레이디 제인 그레이와 함께 가장 학식 있는 부인」이라는 찬사를 보냈던 여성으로, 그 동생 앤은 니콜라스 베이컨 경의 아내이자 프란시스 베이컨의 어머니가 됩니다.

앤서니 경 자신도 당대 일류의 학자로 에드워드 황태자의 가정교사를 담당했었는데, 체크도 에드워드의 가정교사를 했었고, 애스컴은 엘리자베스 여왕의 가정교사를 담당했었습니다. 윌리엄 주변의 학자들은 모두 독실한 신교도였는데, 모친인 캐서린의 카톨릭 신앙을 이어받아 영국에서 카톨릭을 부활시키기 위해 국교도를 탄압하는 메리 스튜어트가 군주의 자리에 오르는 것을 어떻게든 막고 싶어 했습니다.

윌리엄 자신의 뛰어난 자질에 더해서, 세실 가는 두 번의 결혼에서 모두 우수한

DNA를 받아들이게 되었을 것입니다. 장남인 토머스는 군인으로서 용기와 외향적인 행동력을, 이복동생 로버트는 궁정 내의 처세술과 정치력을 이어받은 것으로 생각됩니다.

로버트 세실.

† 서머셋의 비서로서 †

순풍을 타는 절묘한 감각

비교 대상이 없는 재능의 축복을 받고 고도의 교육을 받은 윌리엄도, 세상의 주무대로 나서기 위해서는 반드시 넘어야 할 장벽이 있었습니다. 그 때문에 선조로부터 물려 내려온 장원(estate)이 소유하는 선거구, 말하자면 포켓 버러(pocket borough. 독점 선거구)를 이용해서 1543년 중의원 의원으로서 등장합니다.

「그는 순풍을 골라 타는 절묘한 감을 지니고 있다」는 것이 당시의 평판이었습니다.

처음에는 왕비 제인 시모어의 큰 오빠이자 그 조카 에드워드 6세(재위기간 1547~1553)의 섭정(Lord Protector)을 맡은 서머셋 공작 에드워드 시모어의 휘하에 속하게 되었습니다.

헨리 8세(재위기간 1509~1547)는 스코틀랜드 왕국을 잉글랜드 왕국과 병합하여, 브리튼 왕국으로 만들고 싶다는 야망을 갖고 있었는데, 1543년에 잉글랜드 왕자 에드워드와 스코틀랜드 왕녀 메리를 결혼시키는 「그리니치 조약(The Treaty of Greenwich)」의 체결을 강압적으로 밀어붙였습니다.

결국 잉글랜드의 압력에 대항하기 위해서는 중세 이래 분쟁을 반복해 왔던 프랑스와의 관계를 강화하는 편이 유리하다고 판단되었고, 조약은 스코틀랜드 의회에서는 비준되지 않은 채, 메리는 나중에 프랑소와 2세가 되는 도핀(Dauphin; 황태자)과의 결혼이 확정되었습니다. 헨리 8세는 서머셋 공작에게 군대의 지휘를 맡겨서 1544년과 1545년에 「괴로운 싸움(The Rough Wooing; 당시 스코틀랜드인들에게는 '괴로운 싸움'이었으나, 나중에 19세기 초의 작가 월터 스콧 경이 이 '거친 구혼'이라는 명칭을 사용하면서 이후 대중적으로 쓰이게 되었다)」으로 불리는 스코틀랜드 침공에 나서게 됩니다.

메리 스튜어트.

책임을 처형에게 전가

1547년에 왕이 죽고, 서머셋은 조카인 소년왕의 섭정으로서 또다시 스코틀랜드를 침공합니다. 잉글랜드보다 병력의 수는 훨씬 많았지만, 통제가 잘 되지 않은 스코틀랜드군은 절반이 죽거나 부상당했습니다. 하지만 잉글랜드 측의 피해도 상당히 컸고, 이렇게 계속된 전쟁은 오히려 메리와 도핀의 결혼만 부추기는 역효과를 내게 되었습니다.

윌리엄도 이런 싸움 중의 하나인 「핀키 전투(the Battle of Pinkie, 1547)」에 군법회의 의원의 일원으로서 참가했습니다.

1548년에 서머셋은 스트랜드 거리와 현재는 빅토리아 임뱅크먼트로 불리는 템즈 강변에 걸치는 광대한 부지에 서머셋 하우스라는 웅장한 저택을 건설하고, 윌리엄을 가난한 자의 청원을 들어주는 비공인 민원청의 장관(Master of Requests)에 임명하였습니다. 이와 동시에 윌리엄은 서머셋의 비서역도 담당했습니다. 1549년 서머셋이 실각함에 따라, 반 서머셋 파의 귀족들은 윌리엄도 런던탑으로 보내 가두었습니다.

그러나 윌리엄은 워릭 백작(나중에 노섬버랜드 공작) 존 더들리에게도 연줄이 있었던 덕에 처형을 면했고, 1550년에는 에드워드 6세의 각료로 지명되어 가터 훈작사(Knight of the Garter)를 수여 받았습니다.

존 더들리는 서머셋을 실각시키고 섭정의 자리에 올라, 자신의 며느리인 제인 그레이(헨리 8세의 질녀의 딸)를 에드워드 6세의 뒤를 잇는 군주로 내세우기 위해 공작을 꾸몄고, 왕위계승권자 중에서 카톨릭 계열을 배제하기 위해서 1553년에 의회를 통해 왕위계승 규정을 개정하도록 하였습니다.

시간이 지나 결국 노섬버랜드도 시모어 형제와 마찬가지로 실각하여 처형당한다는 결말을 맞지만, 윌리엄은 서머셋의 휘하에서 개정된 왕위계승 규정에 서명한 책임을 피하기 위해 그 책임을 처형이었던 존 체크 경에게 떠넘깁니다.

† 엘리자베스 왕조의 윌리엄 †

비밀리에 엘리자베스와 정보 교환

윌리엄은 새로운 바람을 타고 돛을 활짝 펼쳤습니다. 메리 여왕이 아직 건재했을 때, 윌리엄은 비밀리에 엘리자베스 왕녀(나중에 엘리자베스 1세 여왕. 재위기간 1558~1603)와 정보를 교환하고 있었습니다. 그 당시 주변에는 믿을 수 있는 인물이 아무도 없었기에 엘리자베스는 그에게 전폭적인 신뢰를 보냈습니다. 그리고 그 믿음은 틀리지 않아 그는 그 시절의 잉글랜드에게 있어서 꼭 필요한 인물로 활약하게 됩니다.

엘리자베스 1세.

때는 바야흐로 뛰어난 독창성이나 성공과 실패가 종이 한 장 차이인 정책을 고르고 있을 때가 아니라, 교회와 국가, 내정과 외교에 있어서 중도를 추구하는 것이 중요한 시대로 접어들고 있었습니다.

끊임없이 파탄의 지경을 넘나드는 국가 재정에 대한 대책과 추밀고문단의 지도성, 근대적 첩보기관의 아버지로 불리는 프란시스 월싱엄(Francis Walsingham)이 이끄는 첩보활동 등, 여왕의 뜻 = 세실의 뜻이 국정의 구석구석까지 영향을 미쳤습니다.

스코틀랜드 여왕 메리의 처형

그의 능력 중에서도 계산은 최고의 특기였습니다. 그는 심사숙고한 끝에 국가 재정의 재건에 착수했고, 잉글랜드가 재정 불안에 충분히 견뎌낼 수 있게 될 때까지 고삐를 늦추지 않았습니다.

여왕에게 제2의 천성이라고도 할 수 있는 완고할 정도의 의지를 그가 싫어했던 것은 아니지만, 필요할 경우에는 자신의 의지를 끝까지 관철했습니다. 예를 들자면 엘리자베스가 마지막까지 주저했던 스코틀랜드 여왕 메리의 처형을, 윌리엄은 자신의

스코틀랜드 여왕
메리의 처형.

책임 하에 집행했습니다.

공적인 영역을 벗어난 윌리엄의 생활은 지극히 상식적이고 평범했습니다. 그는 충실한 남편이었고, 자애로운 아버지였고, 고용인들을 이해해주는 주인이었습니다. 독서, 골동품 취미, 가문과 가계도의 연구 등도 하고 있었습니다.

중세의 낡은 카톨릭 질서를 벗어버리고, 새로운 젠틀맨 계급의 재구축도 추진했습니다. 이것의 일환으로 버글리 하우스를 건축하고 정원을 조성했는데, 이런 것들은 모두 그의 신념에 자리 잡은 「법과 질서(law and order)」에 기반하고 있는 것이었습니다.

† 엑시터와 솔즈버리 †

차남 로버트는 수석대신으로

1598년에 윌리엄이 죽은 뒤에, 차남 로버트가 여왕의 후견인으로서 수석대신의 임무를 그대로 이어받았고, 5년 후 여왕도 세상을 떠나면서 튜더 왕조는 막을 내리게 됩니다. 그리고 스코틀랜드 왕 제임스 6세가 잉글랜드 왕 제임스 1세(재위기간 1603~1625)로서 스튜어트 왕조를 열었으나, 로버트는 그대로 수석대신 하이 트레저러(Lord of High Treasurer; 영국 재무성은 위원회 형식으로 운영되며, 재무장관이 실무적 책임자지만 위원회 수석위원이 보통 총리를 겸하기 때문에 재무성의 권한이 막강하다)의 자리에 머물렀습니다.

세계의 역사를 둘러 볼 때, 어느 시대 어느 나라에서도 왕조가 바뀌면 권력자도 따라서 모두 바뀌는 것이 보통입니다.

다양한 분야에 정통했던 윌리엄 세실의 재능은 첫 번째 아내인 메리 체크와의 사이에서 얻은 장남 토머스와, 두 번째 아내 밀드레드 쿡 사이에서 태어난 차남 로버트가 잘 나누어 가진 것 같습니다.

그가 소유했던 거대한 저택은 지금도 토머스의 자손이 살고 있는 버글리 하우스와, 차남 로버트가 상속받은 시어볼즈(Theobalds)가 있습니다만, 어째서인지 윌리엄은 여왕이나 궁정 사람들을 버글리 하우스에서 접대하지 않고, 시어볼즈와 런던의 스트랜드 거리(the Strand)와 윔블던에 있는 저택에서만 접대했던 모양입니다. 시어볼즈는 나중에 국왕 제임스 1세의 희망에 따라, 하트필드의 별궁과 교환했고, 로버트의 자손은 아직도 이곳에 거주하고 있습니다.

윌리엄의 컬렉션

만년의 윌리엄은 이 본가가 장래에 「나의 못난 아들 토머스」와 그 자손들의 무관심한 손에 넘어갔을 때, 대체 어찌하면 좋을지 고민했던 모양입니다.

그의 교양은 일반적인 수준을 훨씬 뛰어넘는 것으로, 장서가 많기로는 온 나라 안에서 모르는 사람이 없을 정도였고, 고대 조각, 회화, 코인, 보석, 금식기, 은식기 등의 컬렉션이 광대한 저택을 장식하고 있었습니다.

엘리자베스 왕조 시대의 저택에는 방한을 겸한 태피스트리, 의자와 테이블, 집안 내력을 보여주는 선조들이나 돌봐야 할 식솔들의 초상화 이외에는 가구나 세간살이가 거의 없었고, 장서, 가재도구, 미술공예품이 집 안을 장식하기 시작한 것은 17세기 말에 그랜드 투어가 유행하기 시작한 이후의 일입니다. 호방한 성격의 장남에게 그런 예술품을 알아보는 안목이 있으리라고는 생각할 수 없었던 모양입니다. 그런 상황에서 그가 군의 임무로 장기간 집을 비운 사이에는 누가 집의 관리를 할 수 있을지.

하지만 차남 로버트는 부친의 직무를 이어받아서 버글리 경을 잃은 노년의 여왕과 후계자 제임스 1세를 잘 보좌했습니다. 하트필드 하우스를 차지한 것은 바로 그 로버트로, 앞서 설명한 것처럼 국왕의 요청에 따라 원래 상속받았던 저택 시어볼즈와 교환한 것입니다.

군인으로서 활약한 토머스

재무상 윌리엄의 장남은 궁정인으로서 학문의 소양을 갖추고 사교적인 사람이 되어주기를 바랐던 부친의 뜻에는 전혀 부응하지 못했으나, 용감한 군인으로서의 자질은 충분히 갖추고 있었습니다.

1574년, 머리 백작(James Stuart Murray. 메리 스콧의 이복오빠로 제임스 5세의 서자, 친영파인

프로테스탄트) 휘하의 에든버러 성 해방군의 일원으로서 전투에 참가했고, 1586년에는 필립 시드니 경이 네덜란드 독립을 도우려고 스페인 군과 싸우다가 빈사의 중상을 입었던 주트펜(Zutphen) 전투에도 참가했습니다.

1588년의 스페인의 무적함대 침공 때에는 자원하여 영국 선단에 올라탔고, 여왕이 총애하던 에식스 백작(Earl of Essex)이 여왕에게 반기를 들었을 때는 토머스가 이것을 진압하면서 총탄에 목숨을 잃을 뻔 했으나, 공적을 인정받아 가터 훈작사(Knight of the Garter)를 수여 받았습니다.

1598년에 아버지 윌리엄이 죽었을 때 토머스가 장례식에서 상주를 맡았고, 여왕으로부터 조의를 표하기 위해 백작 작위를 내린다는 지시가 있었을 때, 백작으로서의 체면을 유지하는데 필요한 비용을 감당할 여유가 없다는 이유로 거절했습니다. 그 자신은 실제로 상당히 가난했던 모양입니다.

1603년에 여왕이 세상을 떠났습니다. 토머스와 이복동생 로버트는 1605년에 국왕 제임스 1세로부터 같은 날 작위를 수여 받았습니다. 로버트는 오전 중에 솔즈버리 백작을, 토머스는 점심 이후에 엑시터 백작을 각각 받았습니다.

작위에 붙는 명칭은 보통 영지가 있는 곳의 지명에서 따오는 것이 원칙이지만, 근

제임스 1세.

세 초기처럼 귀족의 흥망이 심하여 작위의 수여나 박탈이 빈번하게 일어나면, 박탈당한 작위가 아무런 관계도 없는 사람에게 넘어가게 되는 경우도 많습니다. 실제로 세실 가문은 엑시터에 아무런 연고도 없습니다.

토머스는 엘리자베스와 제임스, 2대에 걸친 군주에게 충분한 공헌을 했기 때문에 작위를 얻었으므로, 동생과의 밸런스를 고려하여 받아들인 것 같습니다. 이전에는 경제적인 이유로 작위 수여를 거절했었는데, 두 번째에는 재정상태가 상당히 호전되었던 것일까요. 토머스와 로버트, 그리고 각각의 자손 엑시터와 솔즈버리라는 두 세실 가문의 라이벌 의식을 생각해 보면, 역시 이복동생에게 뒤처지고 싶지는 않다는 토머스의 의지가 강하게 작용했던 것일지도 모릅니다.

참고로 엑시터 쪽은 「세실」, 솔즈버리 쪽은 「시슬」로 읽는 법도 다르게 씁니다.

윌리엄의 장남.
초대 엑시터 백작 토머스.

제5장

왕조의 변천과
귀족의 흥망

조지 3세와 그의 가족.

근세에 들어서 등장

공작, 후작, 백작, 자작, 남작

「귀족」이라든가 「귀족적인」이라는 표현에는 사람마다 차이가 있기는 해도 어딘가 막연하게 「고귀하고, 풍요롭고, 서민으로부터 멀리 떨어진 존재」라는 이미지가 있지 않을까요.

귀족(peer)은 공작(公爵. Duke), 후작(侯爵. Marquis; 영국에서는 Marquess가 일반적), 백작(伯爵. Earl; 영국 이외에서는 Count), 자작(子爵. Viscount), 남작(男爵. Baron)의 작위를 수여 받은 사람으로, 일반적으로 남성입니다.

처음에는 왕의 가족에게

이 제도가 유럽에서 확립된 것은 역사적으로 그다지 오래된 일이 아닙니다. 근세에 들어서서 군주제에 의한 중앙집권 국가가 차례차례 탄생하면서, 군주를 중심으로 하는 왕실과 그것을 지지하는 신하들의 귀족집단이라는 강력한 피라미드 형태의 지배계층이 구축된 것에서 기인한 것이지요.

국가에 따라서 그 성립 과정에는 차이가 있는데, 영국에서는 5단계의 작위가 단번에 제정된 것이 아니라 노르만 정복 이전의 앵글로 색슨 시대에 Earl은 국왕 영토의 관리인, 중세에는 주(州. county)의 장관이라는 직책명이었으며, Baron은 봉건영주를 의미했습니다.

Duke가 처음 수여된 것은 1370년, Marquess는 1376년이며 두 경우 모두 왕의 가족으로 궁정 내에서의 서열을 나타내기 위한 것이었습니다.

튜더 왕조 시대의 대변혁

신흥 대지주에 의한 권력 구조

13세기부터 십자군의 파병, 영불 백년전쟁, 장미전쟁 등으로 전란이 계속되었던 시대를 끝내고 강력한 중앙집권적 지배체제를 확립한 헨리 7세(재위기간 1485~1509)의 튜더 왕조가, 그때까지 4세기 가까이 이어져 온 중세의 토지소유 제도를 모조리 파기하고 튜더의 신하들에게 토지를 재분배하였습니다. 그때문에 당시 작위를 갖고 있던 가문도 거의 모두 몰락하고 신흥 대지주에 의한 권력 구조가 생겨났습니다.

영국 근세의 막을 열었다고 일컬어지는 튜더 왕조는, 그때까지 4세기 가까이 유지돼 왔던 플랜태저넷(Plantagenet) 계열의 왕조 시대와는 지배계층이 완전히 바뀌어버렸기 때문에 신흥 지배계급의 권력투쟁은 매우 격렬했습니다.

헨리 7세.

헨리 8세의 시대

헨리 8세(재위 기간 1509~1547)가 치세한 기간에는 6명의 왕비가 숨을 돌릴 틈도 없이 바뀌었고, 또한 잉글랜드를 유럽 최강의 국가로 끌어 올린 아름다운 독신 여왕(엘리자베스 1세. 재위 기간 1558~1603)의 치세 기간에는 그녀의 총애를 얻으려고 경쟁했던 조정 신하들의 부침(浮沈)이 극심하였습니다.

헨리 8세는 헨리 7세의 차남으로, 형인 황태자 아서는 당시 유럽의 왕실 사이에서는 상식이었던 정략결혼을 위해, 당시 최강 국가였던 스페인 국왕 페르난도의 15세 막내딸인 〈아라곤의 캐서린(Catherine of Aragon)〉과 1501년에 결혼했습니다. 하지만 불과 4개월 만에 유행성 열병으로 사망했습니다. 그리고 역시 당시의 상식과 통례에 따라서 제2왕자인 헨리와 혼약하게 되는데, 헨리는 아직 12세로 너무 어렸습니다.

결국 1509년에 헨리 7세가 죽을 때까지 4년간, 캐서린은 황태자 미망인이라는 불안정한 지위에 머물러 있어야 했고, 새 국왕 헨리 8세가 즉위하자마자

헨리 8세.

제일 먼저 하게 된 일이 캐서린과의 결혼이었습니다.

마침내 왕비가 된 직후에 그녀는 임신하였으나 여자아이를 사산했고, 그 다음에 온 나라의 기대 속에 태어난 왕자는 조산되어 불과 52일 만에 죽었습니다. 그 후에도 수차례 임신하였으나, 살아남은 것은 그다지 바라지 않았던 왕녀 메리뿐이었습니다. 어떻게 해서라도 왕위계승자가 될 남자아이를 원했던 국왕의 마음은, 애첩 중의 하나였던 메리의 여동생이며 캐서린의 시녀를 담당하고 있던 앤 불린에게 옮겨가 있었습니다.

엘리자베스를 위해 왕비의 자리를 사수

그러나 원래 잉글랜드의 관습상 적자라면 남녀를 불문하고 상속권이 있어서, 정복왕 윌리엄 1세만은 서자임에도 불구하고 노르망디 공작을 계승했지만, 그 후로 잉글랜드 군주의 서자는 작위를 수여하여 대우를 해주어도 결코 군주의 자리에는 오르지 못했습니다.

제1왕비 캐서린.

제2왕비 앤 불린.

로마 카톨릭 교회의 경건한 신자였던 캐서린은, 자기 딸의 왕위계승권을 지키기 위해서 절대로 왕비의 자리를 내줄 수 없었기에 교황에게 직접 호소하여 헨리 8세의 이혼 요구를 막으려 했습니다. 이것이 나중에 로마 교회의 헨리 8세 파문과 이에 대항하는 왕의 영국 국교회 설립 및 수장령(1534년)에 의한 「수도원 해체」로 이어집니다.

3년이 좀 지나 불의의 오명을 쓰고 반역죄로 참수당한 앤 불린도, 딸 엘리자베스를 위해 왕비의 자리를 글자 그대로 사수했습니다.

이렇게 권모술수가 난무하는 궁정 내의 인간 군상을 그린 10회짜리 TV 드라마 시리즈가 2007년 골든 글러브 상의 최우수 드라마 부문에 노미네이트되었고, 2008년에는 여러 채널에서 재방영되어 화제가 되기도 하였습니다.

작위가 귀중한 재산으로

찰스 1세의 처형

1603년 엘리자베스 1세가 세상을 떠난 후 튜더 왕조는 종언을 고했고, 스코틀랜드 왕 제임스 6세가 잉글랜드 왕 제임스 1세로서 즉위했을 무렵부터, 대륙의 국왕이나 황제들에 비해서 재력이 부족했던 영국왕은 작위를 판매하는 것을 귀중한 자금원으로 삼았습니다.

그의 아들 찰스 1세(재위 기간 1625~1649)는 그 당시 유럽 대륙에서는 주류가 되어 있던 전제군주제를 영국에도 도입하려고 시도하다가 의회와 대립하게 되었고, 결국 청교도 혁명으로 실각하여 처형당합니다.

찰스 1세.

왕정복고

　청교도 파의 수장인 올리버 크롬웰에 의해, 공화제(Commonwealth)라는 이름 하에서 금욕적인 전제지배가 실시되었고, 그 숨쉬기조차 힘든 상황에 질려버린 왕당파, 의회파 쌍방의 합의로 1660년에 찰스 1세의 아들인 찰스 2세(재위 기간 1660~1685)를 망명지인 프랑스에서 맞아들여 왕정복고가 이루어졌습니다.

　이후 영국은 타국의 침략도, 혁명이나 쿠데타 등의 내전도 없었고, 왕실을 정점으로 하는 사회 구조의 변혁은 일어나지 않았습니다.

올리버 크롬웰.

찰스 2세.

국회 정화의 문제

구 제도의 악폐

그러나 튜더 왕조 창립 이래의 토지소유 체제는, 해외 무역의 급속한 발전과 18, 19세기 산업혁명의 경이적인 진보 속에 서민 속에서 성장해 올라온 산업자본가의 대두로 변하고 있었고, 이런 사회 정세의 진화 때문에 귀족계급의 입지도 점차 좁아져 갔습니다.

하지만 무엇보다도 산업혁명의 진행에 따라 인구가 수십 배로 급증한 도시의 선거구는 거의 제로에 가까웠던 것에 비해서, 지방에 광대한 영지를 지닌 귀족에게는 인구수가 적은 선거구가 여러 곳 있다는 문제가 남아있었습니다.

귀족이 의회를 마음대로 휘두르는 원인이라는 비난의 목소리는 사실 17세기부터 이미 제기되고 있었습니다.

청교도 혁명부터 공화제의 시대(1641~1660) 동안에는 사실상 국회가 해산된 것이나 마찬가지 상태였고, 1660년의 왕정복고 이후에도 국회 정상화에 관해서는 아무런 조치 없이 휴면 상태가 1세기나 계속되었습니다.

마침내 의회제도 개혁의 움직임에 불을 붙인 것은, 휘그당의 수상 윌리엄 피트(속칭 대大 피트. 초대 채텀 백작. 1708~1778)로, 기존의 자치체(borough)에서 사실상 무경쟁으로 대의원에 선출되는 것은 「우리 사회 구조의 부패한 부분」이라고 규정지었습니다.

채텀은 일거에 선거 제도를 폐지하는 것이 아니라 구 제도의 악폐를 완화하기 위해 대립 후보를 추가하자고 주장했으나, 결국 의회는 그의 주장을 받아들이지 않았습니다.

소(小) 피트의 좌절

　뒤이어 의회 제도 개혁운동을 일으킨 것은, 다름 아닌 피트의 아들이며 이름이 같은 윌리엄(소小 피트. 1759~1806)였습니다. 그 역시 부친과 마찬가지로 부패한 선거구를 전폐하는 것에서는 일보 후퇴하여, 도시 지역의 선거구 숫자를 늘리자고 주장하였으나, 2만 명의 연대 서명에 의한 선거법 개정 청원을 받았음에도 불구하고 의회는 다수결로 부결시켰습니다.

조지 3세.

그는 보수적인 경향으로 기울어서 1783년에 토리당의 수상을 맡게 되었으나, 역시 개혁을 성공시키지는 못했습니다. 국왕 조지 3세(재위 기간 1760~1820)는 소 피트의 구상을 싫어했고, 피트 자신의 내각에서도 반대가 다수를 차지했습니다. 1786년에 피트 수상은 개혁안을 의회에 제출했지만 중의원은 174 대 248로 부결시켰고, 그는 임기 중에 다시 제안하지는 못하였습니다.

개혁안에 대한 지지는 1789년의 프랑스 혁명 발발 때문에 점점 줄어들게 됩니다. 혁명의 과격함에 거부반응을 일으킨 영국의 정치가들은 정치적으로 큰 변화에 대해서는 강경한 반대 입장을 취하게 되었습니다.

그레이의 개혁

선거법 개정안의 성립

이러한 과잉반응이 있었음에도 불구하고, 개혁을 부르짖는 여러 단체가 조직되었습니다. 1792년에 제8대 로더데일 백작 제임스 메이트랜드(Earl of Lauderdale, James Maitland, 1759~1838)와 나중에 수상을 역임하는 찰스 그레이(Charles Gray, 1764~1845)가 주재하여 28명의 국회의원도 포함된 휘그당 단체인 「국민의 친구 협회」를 조직하고, 국회 제도 개혁을 제창하였습니다.

홍차인 얼 그레이는 나중에 부친의 작위를 이어 받아 제2대 백작이 된 찰스 그레이가, 친한 중국의 관리에게서 조합법을 배웠다는 전설에서 붙여진 명칭이라고 합니다.

그는 40년에 걸쳐서 끈기 있게 세력을 규합하면서, 국왕 윌리엄 4세(재위기간 1830~1837)를 설득하여 귀족의 기득권을 지키려는 토리당의 저항을 막았고, 마침내 1832년에 선거구의 구획을 변경하여 격차를 축소하고, 선거권도 평등하게 부여하는 「선거법 개정안(The Reform Act)」이 통과되었습니다.

「어느 공작부인의 생애」

　그레이의 정력은 정치에 그치지 않고, 사생활에 있어서도 아내인 메리로 하여금 15명의 자녀를 낳게 하고, 빈번한 아내의 임신 중에는 많은 여성과의 염문을 뿌렸습니다.

　그 중에서도 당시 사교계의 중심으로서 미모에 대한 찬사를 받으며, 정치적으로도 진보적인 주장을 공공연히 드러내던 데본셔 공작 부인 조지아나 카벤디쉬(Georgiana Cavendish)를 집요하게 꼬드겨서, 여자 아이까지 출산하게 만든 일이 유명합니다. 이 이야기를 기초로 아만다 포먼이 쓴 전기소설『조지아나, 데본셔 공작 부인(Georgiana, Duchess of Devonshire)』이 2008년에 키이라 나이

조지 4세.

틀리 주연의 『공작부인: 세기의 스캔들(The Duchess)』로 영화화되어 인기를 끌기도 하였습니다. 1832년의 선거법 개정안에 의해 구 귀족의 특권은 큰 폭으로 줄어들었고, 점차 밀려오는 사회주의적인 풍조로 만인이 태어날 때부터 평등한 권리를 지녔다는 사상이 퍼지게 되었으며, 제1차 세계대전이 일부 특권계급에게 좋았던 옛날의 종언을 고했다면, 제2차 세계대전은 그것에 쐐기를 박은 셈이 되었습니다.

무거운 상속세로 인해 많은 저택이 물납되었고, 그중에서 국가적으로 중요한 저택은 민간 문화재보호재단인 내셔널 트러스트에 유지 · 관리를 위탁했습니다. 1973년에 1,500채 이상의 개인 저택이 HHA(Historic Houses Association)이라는 단체를 결성하여 기간 한정으로 저택을 공개하고, 각 저택의 후계자도 결속하여 문화재로서의 저택 보호를 정부에 호소하는 등, 저택의 존속을 위한 사업을 펴나가고 있습니다.

제5대 데본셔 공작 부인
조지아나.

펜을 놓기 전에

　지금까지 영국 귀족의 저택(country house)에 대해서 다수의 기사를 쓴 적이 있는 저이지만 이번에 이 200페이지가량 되는 책을 쓰기 위해서 생각 외로 많은 자료를 읽어야 했습니다. 또한 직접, 간접적으로 얼마나 많은 분들의 신세를 졌는지 모르겠습니다. 건축은 저의 전공분야는 아니지만 크고 작은 것을 떠나서 건축이든 건축사든 건물은 인간의 필요에 의해 세워지는 것이므로 건물을 이해하기 위해서는 정치, 사회, 문화 등 다양한 측면에서 본 역사를 알아야 할 필요가 있다고 생각합니다.

　「저의 전공은 영문학입니다」라고 하면 「뭐야, 이런 쪽의 전문가는 아니었던 건가」라는 반응이 돌아오는 경우가 많습니다만, 앵글로 색슨부터 중세, 근세의 영문학을 공부했던 것이, 건물과 그 속에서 벌어지는 생활을 이해하는 데에 커다란 도움이 되었습니다. 이런 기회를 갖게 해 주신 분들께 새삼 감사의 뜻을 표합니다.

　하시만, 안목을 키우기 위해서는 가능한 한 많은 「물건」을 보는 것이 가장 좋습니다. 저는 골동품 점의 수습직원처럼, 많은 현물을 직접 볼 수 있는 기회를 통해서, 한눈에 건축 연대를 플러스마이너스 3년의 오차율로 맞출 수 있게 된 것을 은근히 자랑하고 있습니다.

　이런 수련은 영국에 살게 되면서부터 시작한 것이 아니라, 이미 일본에서 아직 시간과 체력에 여유가 있던 시절에, 저보다 10살 이상 어린 동호회 친구들과 매주 한 번 정도의 페이스로 전쟁으로 불타고 남은 희미한 옛 마을의 잔해를 탐방하면서 축적한 것입니다. 전쟁을 모르는 나이 대의 사람들에게는 전혀 시야에 들어오지 않는 부분일텐데도 저는 묘하게 눈길이 가곤 했습니다.

영국에서는 일본에 없는 것을 볼 수 있다는 것이 즐거워서, 즉시 내셔널 트러스트의 회원, HHA의 찬조회원이 되었습니다. 그러나 양쪽 모두 일반 공개일에 한정된 부분만 견학할 수 있어서, 원래 보고 싶었던 가족의 거주 구역 부분이나 고용인들이 가사를 수행하는「계단 밑의 영역」, 하물며 가족의 생활을 직접 본다는 것은 바랄 수도 없는 일이었습니다. 생각지도 않게 이것이 실현된 것은 이미 처음에 설명한 대로, 스픽커넬(Spickernell) 부부와의 만남에서 비롯된 것으로, 거기에서 이어져간「인연의 끈」을 통해서, 많은 귀족과 젠틀맨들로부터 다양한 기회를 얻을 수 있었습니다. 그 호의에 대한 감사의 마음을 아래에 적습니다.

My heartfelt gratitude should be made to His Grace the Duke of Marlborough, Lionel Stopford Sackville, Esq., His Grace The Duke of Northumberland, Her Grace the Dowager Duchess of Devonshire, the Rt Hon. the Earl of ST Germans, The Most Hon. the Marquess of Lansdowne, the Rt Hon. the Earl of Leicester, The Rt Hon. the Earl Spencer, Lady Victoria Leatham, His Grace the Duke of Bedford, the Hon. Simon Howard, Esq., James Hunter Blair, Esq., The Most Hon. the Marquess of Bute, John Warde, Esq.

저자 : 다나카 료조

1934년 출생. 게이오 대학 대학원 문학부 영문학 전공 수료.
케임브리지 대학에 유학, 영문학 및 언어학을 전공.
게이오 대학 교수를 거쳐, 게이오 대학 명예 교수.
1968년에 유럽으로 건너간 이래, 영국의 건축, 특히 컨트리 하우스에 매료되어,
지금까지 방문했던 저택은 300군데를 넘는다.
1987년과 1996년에는 케임브리지 대학 건축·미술사학부의 연구원으로서, 영국 건축사의
최고 권위자인 데이비드 왓킨(David Watkin) 교수의 지도를 받아 컨트리 하우스의 역사를 연구.
공동저작으로 『영국 귀족의 집』(코단샤), 『영국 귀족의 저택』(쇼각칸), 『도해 영국 귀족의 성채 -
컨트리 하우스의 모든 것』(카와데쇼보신샤), 『영국의 근대화 유산』(쇼각칸) 등.
2010년 7월 타계.

영국 귀족의 생활

개정판 1쇄 인쇄 2024년 4월 10일
개정판 1쇄 발행 2024년 4월 15일

저자 : 다나카 료조
번역 : 김상호

펴낸이 : 이동섭
편집 : 이민규
디자인 : 조세연
영업·마케팅 : 송정환, 조정훈, 김려홍
e-BOOK : 홍인표, 최정수, 서찬웅, 김은혜, 정희철, 김유빈
관리 : 이윤미

㈜에이케이커뮤니케이션즈
등록 1996년 7월 9일(제302-1996-00026호)
주소 : 08513 서울특별시 금천구 디지털로 178, 1805호
TEL : 02-702-7963~5 FAX : 0303-3440-2024
http://www.amusementkorea.co.kr

ISBN 979-11-274-7403-4 03920

ZUSETSU EIKOKU KIZOKU NO KURASHI
© RYOZO TANAKA 2015
Originally published in Japan in 2015 by KAWADE SHOBO SHINSHA Ltd. Publishers, TOKYO.
Korean translation rights arranged with KAWADE SHOBO SHINSHA Ltd. Publishers, TOKYO,
through TOHAN CORPORATION, TOKYO.